だいわ文庫

知的な聴き方

外山滋比古

大和書房

目次◆知的な聴き方

第1章 「聴く」が聡明のはじまり

第2章 思考を深める「聴く話す」

第3章　「読む書く」重視の落とし穴

第4章　日本語の問題

第5章　知的な「聴く話す」

第1章

「聴く」が聡明のはじまり

講演は聴くべきもの

ある放送記者が、大学の教師と世相のおしゃべりをしていた。一方が、

「このごろコウエンに行く人がふえましたね」

と言う。相手が、

「そうですね」

と応ずる。

「昼より、夜のほうが人気があるようじゃありませんか」

「ええ？　夜ですか？」

だんだん話が嚙み合わなくなって、やっとわけがわかる。一方のコウエンは

公園で、他方のコウエンは講演だったのである。

同音異義のことばがむやみと多い日本語では、とり違えはすこしも珍しくないが、そのために、おたがいの頭がムダなはたらきを強いられる。むずかしいことは口で言わない、大事なものは文字にする、という習慣は自然ななりゆきだともいえる。

講演は、昭和三十年代後半になって、経済の高度成長と軌を一にして多くなった。戦前は、講演など聴きたくてもどこにもなかった。それが、景気のいい企業や選挙をひかえる自治体の首長などが、一般向けのサービスのつもりで、公開講演や無料の講演会を開くようになった。

文化講演であるが、おもしろい話のできる講師は限られているから、つまらぬ講演を聞かされることになる。

もちろん、聴衆に講演の聴き方の心得などあるわけがない。聴いているだけではいけないのではないか。そう思ったのか、メモをとる人が、とくに女性に多かった。

新聞記者も講演を聴いたことがすくないから、メモをとる人たちのことを、「せっせとメモをとっていた」などと記事に書いた。

恥ずかしい無知である。

講演は聴くべきもの、メモをとったりするのは間違っている、ということを知らないのだからしかたがない。

本なら読みつづけることができる人が、講演だとすぐ居眠りをはじめる。話を聴くことがものを読むほどには訓練されていない。いや、話を聴く訓練などまったく受けたことすらないのだろう。

話を聴くのはたいへんである。注意して聴いていると、すぐ疲れる。いまの日本では、三十分の話を静かに聴いていられたらまず合格である。

二時間もつのは、よほど講師の話がうまいのである。普通ならだれてしまう。よい聴き手は少ない。反応もわるい。おもしろい話でも退屈する。

そのうちに、聴衆が賢くなってきたのか、メモをとる人がだんだん少なくなった。それとともに、講演も少なくなった。聴く側も聴き方が下手ときている。両々相まって講演文化を枯らしたのである。

耳バカ社会

東京の近県の公立高等学校から、講演を頼んできた。有志・希望する生徒、百名に限って聴かせたい、とある。学校は浮世ばなれしていて、目先のこと、自分たちのことしか考えないから、それが相手に失礼な依頼であることがわからない。

おまえの話はおもしろくないから、興味のある生徒だけに聴かせる。全校生徒に聴かせるのは、もっとりっぱな講師にする、というふうに解釈できることを知らないのである。

断るつもりで返事を書いた。聴きたがっている生徒だけに話すのは退屈です。

いっそ、聴きたくないと思っている連中に話すほうが張り合いがある……。

学校は対応に苦慮したのか、しばらく何とも言ってこなかった。忘れたころに連絡がきた。全校生徒に聴かせることにした、とある。

こちらはちょっと困る。断るつもりの当てが外れた。否とは言えなくなった。学校は、全校生徒に聴かせたくない気持ちをすて切れないらしく、卒業生が学校へ来なくなった三月になってから、一、二年生に聴かせる、というのである。とにかく「全員」だから、行かなくてはならなくなった。

学校が有志・希望者だけに聴かせる外部講師の講演を考えるのは、生徒が人の話をよく聴く力をもっているという自信がないからである。有志・希望者なら、すこしはおとなしく聴くだろうというのである。

この高等学校だけの考えではなく、全国ほとんどすべての高校が同じような弱味をもっている。

これはすこし古い話だが、詩人の西脇順三郎さんが山梨県の名門高校で講演した。

どうして大詩人などに講演を頼むのか、教師が愚かでわからないからである。詩人はえらい、大詩人はもっとえらい。えらい人の話は価値がある、おもしろいだろう、生徒のためになる。そんなことを考えたのだろう。

見当が違うのである。詩人は高校生のことだけ考えて詩を書くのではない。大詩人はためになる、おもしろい話ができるだろう、といった勘違いをしている。一人二人ではなく全教職員が、そういう現実性の乏しいことを信じて、講師を選んだ。昔の人が「先生と言われるほどのバカでなし」という暴言を吐いたのは、なかなか意味深長である。

大詩人がふらふら出かけていったのは当然である。何を話そうかはっきりきまっていたかもしれないが、おそらく、なんとなく話せばいい、と思って壇にのぼったと想像される。

私は、西脇先生から二年間、中世英文学とチョーサー（中世イギリスの詩人）を教わったから、この天才をいくらか知り、深く敬愛していた。だから、山梨まで講演にいかれたのを不幸だと思うことができる。

壇上にのぼった西脇先生が何を話しはじめたかははっきりしないが、全生徒たちが、ざわついたのははっきりしていた。民主的（？）な戦後の教師は、さわぐ生徒を叱責、制止する力がない。自由を抑圧するのはよくない、とばかり、傍観するばかり。

詩人は怒った。話を中断、さっさと帰ってしまった。

はなはだ痛快である。おもしろいから噂は広まり、ほかのそれほどの名門でない学校は、かまえて、外部から講師を招いて講演をするようなヘマなことはすまいと考えた。

母校の中学校、いまは高等学校になっているところから、「創立五十年を迎えるので、ＯＢとして生徒たちに話をしてほしい」と言ってきた。その校長は、科は違うが大学の同期だから、ざっくばらんである。

残念ながら、うちの生徒は人の話を聴く力がない。二、三十分たつと、ざわつく。お恥ずかしい話だが、先輩だから含んでおいてくれ、ということが正直に打ちあけてあった。友情のようなものがうれしくて、生徒のことは考えないで講演を引き受け、当日を待った。

やはり、事前の注意がきいているのだろう、思ったよりいい空気である。ひょっとすると自分の話がうまいせいかも、というううぬぼれみたいなものが頭をもち上げる。

三十分をすぎると、音もなく騒ぎ出し、すこしたつと、音をともなってざわついた。やっぱりダメかと気落ちして話を終わり、心淋しく帰ってきた。いつまでも心が晴れない。たまたま依頼された雑誌のエッセイに愚痴を書いた。

雑誌が出てだいぶたってから、話を聴いた生徒から手紙をもらった。「あの文章のことは私たちのことでしょう。恥ずかしいと思います。もっと力のある人間になりたいと考えています」といった、いじらしい文面である。

こうして、高校生は〝耳バカ〟になった。高校がそうなら、中学や小学校はもっとひどい〝耳バカ学校〟である。講演を聴くといった酔狂なことを考える学校はなくなり、それを進歩のように錯覚した。

静かに人の話を聴けないのは本人の問題だが、自分たちだけで勝手に耳バカになったわけではない。まわりが、そういう人間に育ててしまったのだ。

家庭がわかっていないのである。学校も旧式な教育にとらわれている。


日本人の耳は、本当に大事なことを聴いて、頭に入れる力が弱っている。思考の流れについていくことが下手なのである。

いくら整った話を聴いていても、あとでさっぱり印象がまとまらない。ただ全体としての感じとして、おもしろかったとか退屈であったとかを問題にする。

いくら水を注いでみても水のたまらないざるのような聴覚だ。そして、そのことをわれわれはほとんど意識しないでいる。

世間は、知的なことに鈍感になっているのを自覚する能力を失ってしまっている。

消えた〝耳学問〟

私は三河（愛知県中東部）の片田舎に育ったが、小学四年まで住んでいた人口八千人の町から、明治以来、大学へ行った人はなかった。変わり者の雑貨商よろず屋のおやじが、息子を台北の帝国大学へ入れたというので、町中の語り草になった。

同級生のAは、勉学好きだった。当時、尋常小学校の上に高等科があって、尋常高等小学校と呼ばれた。その高等科へ行きたかったが、高等科には月謝がいる。

たしか二十銭だったが、農家の父親が、こどもを高等科へ行かせると、それだけ暮らしが豊かだとみなされ、住民税のようなものが上がる。いったん上がると下がらず、ずっとそのままになる。それは困る、思いとどまってくれ、と泣きつかれて、断念。Aは六年で卒業して奉公に出た。

しかし、Aは向学の心を失わず、独学でいくつもの学問知識をもって町の物識りになることができた。つねづね、「耳学問ですから」と謙遜していたが、人間的には、目学問人間よりもすぐれていたかもしれない。

耳学問という言い方は、耳で聴くだけでは本当に学問ができるわけがないという響きを含んでいる。辞書を引くと「自分で学んだのではなく、他人の話だけから得た知識。聞きかじりの知識」とある。耳などまるで相手にされていない。

しかし、家庭のこどもの育成は、耳から入る〝耳のことば〟からはじまり、耳のことばに徹するのが本来のあり方である。それで、過去、何百年もやってきたのである。

教育の普及によって、文字の学習、すなわち「読み書き」のほうが「聴く話す」より大切であるとされるようになって、耳の出番はなくなった。歪んだ教育であるが、高学歴をもった人たちが受けたために、それが正統であるような錯覚が生まれた。

知性は〝目のことば〟すなわち「読む書く」で育まれるように思っている。学校に長くいればいるほど、目の力はするどくなっても、耳は退化して〝耳バカ〟になる。

戦前、中等教育を受けた人は五パーセントもなかったであろう。高等教育を受けた人は一パーセントに達しない。

しかし、大半の人が高等教育を受けるようになると、〝耳バカ〟が当然のことになり、耳を大事にし、大事なことを耳から学ぶということが、いよいよむずかしくなる。

家庭が高学歴化してくるにつれて、耳は軽視、ときには無視されることが多くなる。心なき人は、それを世の中の進歩のように考えるかもしれないが、人間文化の危機であるといってよい。

これまでの近代文化は、知識という目の力を軸にして発展してきた。人の話を聴いてものごとを考えるということは、なおざりにされてきた。知識人、文化人などが大なり小なり〝耳バカ〟であることには目をふさいできた。

印刷という二次元的情報社会であったため、〝耳バカ〟が大量にふえたのは是非もない。

二十世紀中ごろに、コンピューターがあらわれて、状況は一転したはずであるが、知的に保守的である社会では、その意味がはっきりととらえられていない。

コンピューターは、知識という二次元的情報の処理に関しては、人間とは比べものにならない威力をもっている。しかし、かなしいかな、三次元的世界、四次元的世界については無力で、人間でいえば〝耳バカ〟である。

コンピューターは、二次元的知識人の仕事を奪いつつある。やがてもっと人間を排除するはたらきをするだろう。

コンピューターに立ち向かって人間の尊厳を守るには、耳を賢くして、目でできないことを新しくつくり出すほかはない。〝耳バカ〟ははじめから問題にならない。

かつては、「馬耳東風」などとふざけていられたかもしれないが、もう、冗談を言っていられる時代ではない。馬の耳ではこまる。人間の耳をしっかりと磨かないと、機械にしてやられる、あわれな人間になる。

未来形のことではなく、すでに進行のはじまっている変化にのみ込まれないためにも、馬の耳を人間の耳らしくするにはどうしたらよいか、のんきな人間でも、考えなくてはならないだろう。

馬耳東風というが、人間は馬の耳をもっても、ヒンとも言わない。

耳で考える

日本人は古くから、文字、文章、記録をありがたがる。口で言ったことばは信用しない。口約束をしっかり履行する根性が乏しい。

そのうえ、都合の悪いことは「記憶にありません」というセリフで責任を回避する。文字にしたものでなくては証拠にならない。

戦後、証券民主化が叫ばれたころのことである。口頭で買い注文を出す。受け渡しまでに買った株が値下がりすると、そんな注文はしなかった、などと客が言い出してトラブルになる。そういうケースが頻発し、あわてた証券会社は本人直筆の注文でないと受けつけなくなった。

社会人としてみると、なんとも恥ずかしい話である。口で言ったことはダメで、とにかく文字になったものでないと信用しない、などと「聴く話す」ことばをバカにしているから、そんなことになるのである。

日本人はおたがいに、もっと耳のことばを大切にしないと、世界の大勢から置きざりにされるおそれがある。

「日本人は目で考える」（建築家ブルーノ・タウト）といわれて喜んでいる知識人が少なくないようだが、裏を返せば、〝耳では考えない〟ということになる。それに思い及ばないのは、幼稚というほかはない。

が、それも目を大事にする偏見があるからであろう。日本人はやはり目で考えていることが多いようである。

ギリシャ人は歩きながら、対話、すなわち聴き、話しながらものを考えたという。そして、書いたことばは生きたことばの影のようなものだと考えた。

実際の対話こそ生きたことばで、したがって、最高の思索もまた、そういうことばですすめられるのが当然としたのだろう。

〝目で考える人〟の知性は視覚的である。視覚的思考は、〝耳で考える人〟の聴覚的思考と性格を異にするということを、いまの人はあまり考えない。なんとなく、知識、読書などを背景とする視覚的思考のほうが、談話中心の聴覚的思考より上位にあるように考える。そして、それが、近代思想の偏りであるかもしれないと疑うことは少ない。

「聡明」ということばは、聴覚的思考のほうが、視覚的思考の上位に立つことを明示している。耳偏のついている「聡」は耳のことば（聴く話す）による賢さであり、文字（読む書く）中心の「明」より先行することを示している。

哲学者西田幾多郎《きたろう》は、あるとき、「話のうまい学者と論文のいい学者とがいるとして、どちらがよりえらいですか」という意味のことをきかれて、即座に「話のうまいほう」と答えたというエピソードが伝えられている。

聡と明の順位をはっきりさせたところが興味深い。しかし、日本人一般は逆に考えるであろう。

日本語では、「きく」ということがおろそかにされているためか、ただきこえる〝聞く〟と、よく〝聴く〟の区別がはっきりしていない。どちらも〝きく〟ですませている。聞くと聴くの、文字による区別も一般的ではない。

英語では、ただ聞く〝hear〟と、よく聴く〝listen〟とが区別されている。

日本人は、ごく幼いときから、よく聴くしつけが足りないせいか、聴覚的理解力、思考力が欧米人に比べて遜色があるらしい。教室で騒ぐといった恥ずかしいことがおこるのは是非もない。

しっかりした聴覚的思考を欠いたまま、外国語を使って外国で商売などするから、エコノミック・アニマルだなどといわれたのである。

いま、英語を社内公用語にして得意になっている向きもあるが、聴覚的思考がともなわなければ、国際競争に負けない力をつけることはむずかしいだろう。

世阿弥は、まず聞かせて後に見せることを「先聞後見」といったが、これは達成困難な命題である。

本当の講義

日本語では講演と大学などの講義とは、はっきり別のことばだが、英語ではどちらも、「レクチャー（lecture）」である。

つまり英語では、講演も講義も、ともに「聴く話」という点で同じに扱っているのである。

講義は、大学でしかおこなわれなかった。明治のはじめ、欧米の真似をして講義をはじめた。はじめは外国人教師でなくては、講義はできなかった。それを、日本人教師ができるようにするために、日本はどれくらい苦労したかわからない。

日本人教師は当然のこと、日本語で講義した。これは十九世紀においては、たいへんなことだったのである。アジアでは母国語で講義するなど、とても考えられないことで、日本は母国語で大学講義をしたアジア初の国であった。

しかし、大学で講義をしてもそれは外国の真似であったから、本当の講義はどうあるべきか、などということは考えているひまもない。

講義のために、ノートへ原稿を書いた。二時間分の原稿をつくるのはたいへんである。毎週ノートをこしらえるのは、骨身を削る苦業である。しばしば間に合わない。大学掲示板に、

「○○教授　本日休講」

と張り出されて、学生を喜ばせる。

そうしてつくった教授のノートである。何が書かれていたか、知るのはひとにぎりの学生だけ。ひろく世に評価を仰ぐ、出版するなどということは思いもよらない。

学生のノートのなかで眠って、試験のときにすこしうごめくが、あとは闇に

消えた。後世に残った講義は、数えるほどもなかった。

イギリスのケンブリッジ大学に英文科ができたのは、一九二〇年代だった。英文学の専門家がいないから、他分野の学者が英文学の講義をさせられることになった。

そのひとり、I・A・リチャーズは、毎週、講義したものを原稿として出版社へ渡し、『文芸批評の原理』という大著を出した。そういうことができるのが本来の講義であろう。

日本の大学でおこなわれる講義は、とてもそのままでは公刊できない。おそらく、無断借用や不適切引用があふれるほどにある講義が多かっただろう。それでは、出版もできなかった。

戦後、アメリカの学術界から「公表せよ、さもなければ自滅せよ（Publish or Perish）」という業績主義が渡来する前に、多くの日本の大学は講義をやめてしまった。

しかし、やめると単位不足になるから、講義演習などという題目をつくってゴマかした。

講義は四単位、演習は二単位であるが、講義演習を名乗れば、四単位出せる。教師にも学生にも好都合となった。

いま、文科系の学科で、本格的講義のおこなわれている大学はいくつあるだろうか。

同じレクチャーでも、講義は講演とは比べられないほどむずかしい。大学が何百もできてしまった日本で、昔ながらの講義がしたくてもできないのは当然である。

それをゴマかそうとするのが、「知的誠実さ（intellectual honesty）」に欠けることははっきりしている。

ノートはとらない

かつての講義は、教師がノートをつくってきて、教室でそれを読み上げる。

「言語学とは言語を対象とする体験科学である。言語の本質、構造、歴史的変化などを音声、文法、意味のほか各種の分野にわたって明らかにしようとする学問で、明治時代には博語学といわれた……」

などというのを、学生はノートに書きとる。

そのために大学ノートがある。罫が引いてある。これを左開きにして、横書きする。

国文学の講義でも横書きした。いまと違って縦書きがほとんどだった時代、横書きが大学生の優越感をくすぐったようである。

日本語は、もともと縦書きするのに合わせてできている文字を用いる。横書きは想定外だから、たいへん書きにくい。書けば、文字はきたなく乱れる。

大学ノートをとると、たいていの人が乱れた文字を書くようになった。

それより問題なのは、ノートをとっていると、書くのに気をとられて、意味がお留守になりがちなことである。

文字を書くのに気をとられていると、意味の大半が頭を素通りする。試験になると、ノートを読み直さないといけなくなる。サボってノートの不備な学生は、しっかりノートをとった友人からノートを借りて、写して、試験にそなえるのである。

コピーができるようになって、ノートの不備な学生は大喜びした。人のノートを写す手間が省ける。ノート持ち込み可の試験なら、コピーをノートに貼りつけていけばいい。

ノリづけしたコピーはセンベイのように波うっている。ノートは重くなるが、そんなことで叱られる心配はない。

あいにくのことに、コピー・ノートが流行するようになるにつれて、講義がすくなくなり単位試験も変わってしまった。旧制大学式ノートは、それをもって消えたのである。

このごろは、大学ノートということばそのものが忘れられたようである。

まだ大学ノート華やかなりしころのことである。ある大学生が、遠縁に当たる老教授のところへ行って、ノートのとり方をたずねた。

老先生、ためらうことなくこう言った。

「ノートなどとろうと思わないで、じっと講義を聴きなさい。字を書こうとすると、話の本筋がわからなくなります」

学生があわてたように、

「それでは、忘れてあとに何も残らなくなりませんでしょうか」

「いや、そんなことはない。大事なことは頭に残る。講義をまるまる全部覚えておこうなどということを考えてはいけません。ただ、数字だけは忘れると面倒だから、ノートに記入しておくといいですね」

というようなことだった。

どこまでそれに忠実だったかわからないが、何年かして、この学生はドイツに留学することになった。

ドイツの学生は勤勉でよく勉強するが、講義のノートをとる者はほとんどいない。みんな静かに講義に聴き入るのに胸を打たれたそうだ。

大学でノートとりが見られなくなるのと引きかえのように、教室がさわがしくなった。私語である。教師の話なんかほっぽり出して、めいめいの話をする。あちこちでするから、うるさい。気の弱い教師はノイローゼみたいになる。

学生たちにしてみれば、教師の授業は、おもしろくないテレビ番組のようなもの。おもしろいテレビを見ていたって、茶の間では勝手なことをしゃべる。これほどおもしろくない講義に私語をはさんでどこが悪い？　といったようなものだ。

幸い、これも、その後、すこし下火になったようである。

しかし、学校でおしゃべりをした人たちが、人の子の親となり、子育てをするようになる。人の話がまるで聴けないこどもを、それとも知らず、育てる。

小学校へ入って、先生が何か言ってもまるで反応しないで、勝手なことをわめく児童があらわれた。なれない学校はおどろいて、〝学級崩壊〟だとおそれた。

耳バカ社会の〝落とし子〟である。騒ぎ立てるのは見苦しい。

方言消えて国滅ぶ

日本人のことばの耳がはっきりわるくなったのは、明治以降のことである。それまでは、お国なまりのことばで、〝言霊《ことだま》の幸ふ《さきわ》国（言語の呪力によって、幸福がもたらされている国。日本の美称）〟であったと想像される。方言は当たり前すぎて、方言ということを意識することはほとんどなかった。その通用範囲は小さく、ところによっては藩ごとに違っていた。

〝ことばは国の手形〟というときの国は、日本全体のことではなく、〝お国〟つまり郷土のことであった。当然、九州のことばは、東北では外国語のようであった。日本中に通じるのは文字のことば、文章のことばである。

明治になって、新しい社会が生まれたが、方言をどうするかなどということには、かまけていられなかった。ことばを考える志士もいなかったのである。外国の真似をすることを国是とした新日本は、文字文化の摂取に多忙で、話しことばのことなどを問題にしていられなかった。

それでも、外国と比べるとことばの違いが目について、言文一致にしようという運動が文学者を中心におこった。

ことばは文字なり、と思い込んでいた一般の人には、そもそも言文一致とはどういうことか、わかっていなかった。

わかっていなかったといえば、山田美妙、二葉亭四迷といった言文一致運動のリーダーたちも、日本語の言と文を一致させられるかどうか、という問題をどこまで考えていたのか。

国中が方言のかたまりである状態なのに、言文一致は方言と文字を一本化しようというのだから、こどもだって無茶だと思うであろうが、明治の俊秀はそうは考えなかった。

そういうなかで生まれた言文一致の運動であるから、実践がともなわなかったのは是非もない。

全国共通の話しことばをつくろうという努力はなされず、試みもなかった。「標準語」ということばはあったが、実体はなかった。

NHK（日本放送協会）はイギリスのBBC（イギリス放送協会）を真似てつくられた。はじめは、日本語の標準語の確立と普及を目的とすると定款にうたっていたが、そんなむずかしいことのできるわけがないから、いつとはなしに忘れられた。

だいいち、標準語というものがはっきりしない、自信がもてない。苦しまぎれに「共通語」と呼んで、当面を糊塗したのである。

テレビは、話すことばの普及に大きなはたらきを示した。その三十年近く前にスタートしたラジオ放送ではすこしも広まらなかった共通語が、かなり広がった。

しかし、なぜラジオのできなかった耳のことばの教育が、テレビになって急に進んだのか。考える人はなかった。思想がどうの、文化がこうの、と声を大にした知識人が、ことばの声をもっていなかったというのは、なかなかおもしろい。

昭和三十年代に、北海道から東京の大学へ入学した秀才がいた。たまたま、私が担任したクラスにいたから、この学生のことばの苦労について知るところがあった。

北海道のある地方の高等学校を出て、東京の学生になったこの秀才は、ひどいカルチャーショックを受けた。

教室で、教師の言うことが半分もわからないのである。北海道では聞いたこともないことばで授業が進められる。ノートをとりたくても、わけのわからぬことをノートすることはできない。

涼しい顔で、話を聴き、ノートをとる同級生を見て、自信喪失のようになった。そういう告白をしたのは、三年生になってからである。

そのころすでにテレビははじまっていたし、テレビはラジオと同じくらいの話しことばでしゃべっていたはずである。しかし、北海道の高校生の耳をきたえるには至らなかったのである。

小学校から中学、高校と十二年の教育を受けたはずである。その学校の先生がみんな、東京のことばと違う〝北海道ことば〟をつかっていた。先生自身もその自覚がないのだから、生徒が、ほかに違ったことばがある、ということを知るわけがない。

聞いた話で、くわしいことはわからないが、ドイツの小学校の教諭になるには「学校のある土地の方言がわかること」という条件がついているそうだ。いまはどうかわからないが、方言を学校が認めているところが注目される。

日本の学校は、そもそも、話すことばに関心がない。教育の範囲に入れない。学校の教育が、話すことばに力を入れるなどということは、夢にも考えられなかった。

関西の小学生が、東京の小学校へ転校すると、ひどい目にあう。関西弁を冷やかされる。バカにされるのである。

転校生は言うに言われぬ苦しみを味わう。耳のことばにうとい教師は、そんなことがおこっているということすら気づかない。

自分のことばをからかわれたり、悪く言われたり、ということは転校でもしないと経験しないことで、その影響は生涯、消えることがないかもしれない。だれに打ち明けることもなく、心にしまっておく。それがゆがんだ個性をかためる効果があるなどということは、考えもおよばないのが普通である。

転校生は哀れである。かわいそうだということは、教師はともかく親にはわかる。こどもに苦労させたくないと思うのは、親として当然のことである。

サラリーマン家庭で、父親が転勤になる。戦後しばらくのあいだは、家族ぐるみで引っ越すときまっていた。こどもは転校である。

こどもに甘い母親がまず、こどもの転校を嫌う。勉強もおくれるが、それより、転校先でいじめられるのは困る。わが子にそんなかわいそうなことはさせられない。

「私は、この子とここに残ります。あなたは、ひとりで新しいところへおいでください」などということになり、単身赴任が当たり前のようになった。

転校のつらさは経験した者でないとわからないが、新しい環境にとけ込むまでに、いろいろのことを肌で学ぶ。適応性が高まる。のちの人生に役立つことが少なくない。

そんなことを考えれば、方言を仇のように見るのは誤りであろう。方言を共通語へ切り換えるところで、人間はかなり賢くなるのである。


秋田県は、方言を恥じて、戦後、秋田方言撲滅県民運動を展開したのは目覚ましかった。しかし、あまり賢明なことではなかった。

秋田の人の心は、秋田のことばでできている。それを目の仇、ではなく、耳の仇にするのは、どこか間違っている。不便かもしれないが、何百年もつづいてきたことばである。そう簡単に切りすてられるものではない。

軽々しく方言撲滅などを叫ぶのは健康な精神でない。不自然な自己否定につながることを見逃してはいけない。

私は秋田に好意をもっている。秋田の食文化、生活文化はきわめて高級であると考えている。

それだけに、秋田県が長いあいだ、日本一、自殺率が高かったのを深く悲しむのだが、これは方言撲滅運動とどこかで結びつくような気がする。

いのちは大切である。方言も大切である。

聴き分けのいい耳

録音ということが一般にもできるようになったのは、戦後になってからである。録音そのものはレコードによって可能になったのだが、シロウトが録音し、レコードをこしらえるなどということは夢にも考えにくかったのである。

持ちはこびのできる録音器ができて、おもしろ半分に録音する人があらわれた。

ある語学の教師は、車内のおしゃべりを録音しようと思い立ち、満員電車の中で二人の会話をレコーダーにおさめた。

あとで再生してみておどろいた、という。走行車両のたいへんな音がして、会話はそれにつぶされて、ほとんど聴きとれない。車中では、たしかに会話が成立していた。騒音があったに違いないが、とくに、うるさいとも思わなかった。相手のことばが、聴きづらい、とも感じなかった。

それがどうだ。再生してみると、聴こえるのは車両の騒音ばかり。人の声は切れ切れに聴きとれるくらいになってしまっている。

「耳が音を選別している」のである。

耳は入ってくる音をそのまま受け入れるのではなく、取捨選択を加える。その〝関所〟をパスした音が耳に入る。頭にとどく。

パスしないのは不用な音であるから捨てられる。それで、うるさい音があまり気にならなくなるのである。

だいたいにおいて、機械的な音は耳の〝関所〟で捨てられる度合いが高い。全部は消せなくとも、大きく抑圧される。

それに対して、人間の声は、まるで知らない人の声でも、気になる、関心を引かれる。耳の〝関所〟をパスしやすい。それどころか、拡大、増幅されることもある。

電車に乗ると、携帯電話の用法についての注意を車内アナウンスでくり返す。

「……ほかのお客さまのご迷惑になりますので……」

使用を控えるように乗客に注意するが、考えてみると、おかしいような気がする。

客の迷惑になることといえば、まず車両の走行にともなっておこる騒音と振動である。携帯電話の声などタカが知れている。

それなのに、電車の生じる騒音よりも携帯の音声のほうがうるさい、というのは筋が違うではないか、といってつむじ曲りが理屈をこねる。

だが、やはり見当違いで、間違っている。電車の騒音はたしかにうるさい。しかし、それは捨てられる騒音である。すべてを消すことはもちろんできないが、気にとめないから、聞き流しになって、大きな音響もかなり小さくなっている。

それに引きかえ、人の声は気になる。興味がある。耳を惹かれる。小さな声で話していても、耳の〝関所〟で拡大、増幅されるのである。

それに、会話の片方だけ聴こえて、相手の言っていることが耳に入らないと、耳の注意力が刺激される。

携帯電話が第三者にうるさいと思われるのは、異常に関心を引かれるからである。それが何でもない他人ごとであるとわかると、一転して、うるさくなる。人の声が声でなく、音響だとなると、音以上にうるさい騒音と感じられる。

耳のはたらきをムダにさせられると、人は不快を感じるのである。

耳は善意の差別をしている。それで精神の安定が得られるのである。すべての音、声などをそのままとり入れていれば、頭は破裂するおそれがある。

よけいなものは、たとえ大きな音、声であっても聞き流すようになっているから、われわれは平穏に生きていかれるのかもしれない。

富山と外山

こどもが重い病気になって、母親がつきっきりで看病している。連日、ほとんど不眠不休の看護に疲れて、昼どきに、病児のかたわらでつい、うとうと、こっくりこっくりする。

そんなとき、台所で何か落ちたらしいけたたましい音がする。ほかの人はびっくりするが、看護の母は眉ひとつ動かさないで居眠りをつづける。

ところが、病児がかすかな声をあげる。ものを言ったのではなく、うわごとかもしれない。

居眠りしているはずの母親は、そのかすかな声というか音に、さっと目を見開き、病児を気づかう。おどろくべき反応である。

母親の耳は、こどもに向けてのみ開かれているのであろう。ほかの音にはまるで反応しないが、耳をかたむけている音、声は、どんなに小さくても、拡大、増幅して聴き取るようになっている。

目をさましているときだけでなく、眠っているあいだも、耳は開いて、音を聴き分けている。眠れば目をとざして、何かあっても目に入らないのに比べて大きな違いである。

耳のほうが目より頼りになることを、暗示しているように思われる。


私は若いとき、仕事で富山県へ毎年のように行った。一週間くらいの仕事を終えて帰ると、ひどく疲れる。ほかのところへ同じような仕事で行ったのに比べて、疲れが大きいのである。

どうしてであろうと考えていて、思い当たることがあった。名前である。

富山へ行くと、そして出歩いていると、しきりに「トヤマ」という声が聞こえる。そばではっきり言われるのではなく、通りすがりの人の口にすることばの切れはしなのに、いちいち心に響く。なにか、呼ばれているような気がする。文字に書けば「富山」と「外山」は別のことばだが、声にすれば同音である。離れたところの人が口にした「トヤマ」が、普通なら聞こえない距離にいるこちらに、ピンピンと響く。そのたびに、ビクリ、ギクリ。

一週間だからそう何度もあるわけではないのに、ひどく疲れるのは、耳のせいである。

自分の名前は特別のことばである。呼ばれるのはあまり愉快ではない。日本人にはそういう聴覚的心理が発達している。

名を呼ばれることをきらい、諱《いみな》、字《あざな》を用いたこともあるが、名前を呼ばない慣用ができている。

英語では、

「グッド・モーニング、ビル」

と言うらしい。相手はビルにきまっているのにビルと言うのは蛇足ではない

か。そう日本人は感じる。そこで、

「グッド・モーニング」

とだけ言ってすましていると、当のビルは、何か忘れものがあるような落ち着かなさを感じるのである。

耳は賢い

街の中を走る電車は、高架線にするか、地下鉄にしなくてはならない。同一平面をノンストップで走れば、大混乱になる。いくらのんきな鉄道でも、そんなことはあり得ない（路面電車はもちろん別である）。

高架線は街路と交わるところで、ガードができる。

そのガードを電車が通るとき、ものすごい大音響がする。下を通る通行人は、耳をおおいたくなるくらいである。ことに、ガードのところでレールの継ぎ目があると、音響はいっそうすさまじくなる。どうかすると気が狂いそうになる。

一日に何回、電車が通るかわからない。それを、この近くで生活している人たちは、毎日聞かされているのである。通りがかりの通行人が思う。

この近くに住む人たちは、どうしてだまって、こういう大音響に耐えているのだろう。鉄道も鉄道である。何十年も、こんなひどい音を立てていながら、改善のしるしがまったくない。おかしい。

ところが、ガードの近くに生活している人には、ガードの騒音は、通行人の感じるほどではない。ずっと〝小さい〟のである。

もちろんうるさいと感じるけれども、毎日、朝から晩まで、同じ音にやられていると、だんだん感じが鈍くなる。我慢すればできないこともないようになって、騒音と共生することができるようになる。耳のはたらきのひとつだ。

高齢者が多くなるにつれて、補聴器の需要が高まっているが、この補聴器というものは、はなはだ不備である。つけて満足している人はほとんどない。頭がいたくなる、というので投げ出す人も少なくない。

とにかく、うるさい。ふだん、聞いたこともないような音が、耳に飛びこんでくる。肝心な相手のことばはハッキリしないのに、隣の部屋で皿を洗う音がびっくりするほど大きく聞こえたりする。

すべての音をまんべんなく拡大しているのではなく、高い音のほうをよく伝える。人の声はうまく拾えないが、高い騒音を不必要に忠実に、あるいは拡大して伝える。そんなふだん聞いたこともないような音を聞いていると、ひどく疲れる。わずらわしくなって、使用をやめることもある。

補聴器は、人間の聴覚がいかにすぐれたものであるかを実証するためにあるようなもので、耳がよく聞こえるようにはならない。

これから、いくら技術革新を加えても、補聴器を正常な耳に近づけることは絶望的に困難であろうと思われる。

目の不自由を矯正する眼鏡はかなり役立つ。補聴器とは比べものにならない。眼鏡がとくに優秀なわけではなく、視覚は矯正しやすいのに対して、聴覚を補正することがきわめてむずかしいことを暗示している。

耳のほうが、目より賢い。

人間がその耳の力を眠らせておくのは、いかにももったいない。

第2章

思考を深める「聴く話す」

「読む書く」の前に「聴く話す」

キリスト教のバイブルに、

「はじめにことばありき」

という句があって、たいへん有名である。知らぬ人は少ないくらいであるが、本当の意味を知る人は、ほとんどいない。

日本だけのことではないが、ことばを誤解しているからである。ここでいう〝ことば〟は、いま常識となっている「ことば」とは違っているのである。欧米だって同じだが、わが国はとび抜けて、不知の度合いがつよい。

このごろは〝早期教育〟に人気があって、幼稚園からことばを教えるところがあらわれているが、関係者がことばを誤解しているのは、昔とすこしも変わるところがない。まず、「読み書き」を教えようとする。

かつては小学校ではじめてことばを教えた。文字を教え、読み方を教えた。明治以来、カタカナ先習で、まず、カタカナを教える。昭和のはじめの尋常小学校の読本《とくほん》は、

ハナ　ハト　マメ　マス　ミノカサ　カラカサ

である。はじめて見る文字は新鮮であった。
古くさくなったのだろうか、昭和十年ごろに国定教科書が改訂になって、

サイタ　サイタ　サクラ　ガ　サイタ

というのが巻頭のことばになった。

戦後になると、「ハナハト世代」「サイタサイタ世代」などということが言われるようになるが、小学一年の読本の文句による命名である。

戦後、国定教科書がなくなり、民間出版社の作成する教科書を文部省でチェックする検定制度により、各社が思い思いの文句をのせた。

ソラ　オオキイ　ソラ

など、いかにも散文的な文句が並ぶ。

しかし、ことばの教育が文字学習である点は明治以来一貫していて、ビクともしなかった。

ことばを文字から教えるのは本来はおかしいことなのだが、外国でもやっていることだし、おかしいと思う人もいなかった。

ことばの習得の順序は、「聴く、話す、読む、書く」の順であろうが、学校のことばの教育は、はじめの二つは落としておこなわれた。

十九世紀はじめに、ヨーロッパ、アメリカで考えた教育においてそうだったから、日本は当然のようにそれを真似たのである。

これには、聴く話すことばは、就学前、家庭で身につけられるという前提があった。そこにはいくらかの根拠があったが、家庭の教育力は時代とともにどんどん低下してきている。いまどき、新生児にことばをしっかり教えている家庭があったらお目にかかりたいくらいである。

そのかげで、ことば不足のこどもが、もっている才能をどんどん腐らせていく。

たいへんもったいないことをしているのだが、えらそうな口をたたく家庭はそのことをご存じない。知らないことのできるわけがない。

人類全体としてみても、なんともいえない大きな損失である。文化が進んでいるようなことを言う人たちが、早く目をさますことを願うしかない。

人間がもって生まれる才能のうち、もっとも早く発達しているのは間違いなく耳である。目など、生まれたときは、はっきりものが見えない。目の焦点が定まるのは、生後かなりたってからである。

耳は違う。生まれたとき、はっきりものが聞こえる。

それどころか、母親の胎内にいるあいだに、すでに耳は聞こえているという。胎児が、母となる人の見ているテレビの音に反応しているという研究報告もあるという。

昔の人が、おなかの中の子によい影響を与えようと〝胎教〟を考えたのは、すばらしい前衛的な考えであったことがわかる。いまはそれがわからないから、胎児が母親の聞いている音を聞いて反応するのを、さも大発見のようにおどろくのである。

なぜ、耳がそんなに早く発達しているのか。考えなくてもすぐわかる。新しいことを学ばなくてはならないからである。

そのうちでもっとも大事なのは、ことばである。これを習得するためには、耳がいい加減では話にならない。目のようにボンヤリしていられない。

生まれてからでは遅い。生まれる前、胎内にいるうちに、耳ははたらきはじめている。おどろくべき自然の摂理である。

こどものことばの教育は、生まれてすぐはじめられる。ところがどうしたことか、先生になる人が、ことばを教えるのが最初にして最大の責務であることを知らない。

生まれてくるこどもにとって、もっとも大切で、まずとりかからなくてはならないのがことばである。

はじめのことばは耳のことばである

文字は目のことばであり、ことばを写した不完全なコピーである。目で見る文字より、まず耳から聴くことばが大切である。

そのことを忘れて、読みからことばの教育をはじめるのは、手順の誤りである。まず、聴く、そして話す。話すことばができるようになってから、読むことを学ぶ、書くことも習う。

聴く力がなければ読むことはできない。現代の多くの人が、まず、リテラシー（読む書く）を大切にするのは、外国のまねである。

昔の人のほうがいまより進んでいたように思われる。「聡明」ということばは、耳の「聡」のほうが、目の「明」よりも上位にあることを知っていたからである。

いまの人なら「明聡」とするのではなく、目のことだけを考えて、「明晰」などというところである。

発生的にいっても、まず聴くことができるようになり、ついで、話すこと、ずっとおくれて、文字の読み、書きがはじまる。読み書きができなくても、りっぱに生きていけるが、耳のことば、話すことばがない人間は考えることがむずかしい。

その意味では、聴く話すことばは大言語であり、読む書くことばは小言語である。大・小を併せたものが〝ことば〟である。いまはそれを認める人が少ない。

文字言語を音声言語以上にありがたがるのは、グーテンベルクの印刷革命の余波である。印刷物が大量に出まわるようになると、読者がふえないと困る事情が発生する。印刷言語、すなわち本を消化するには、声などすてて、ひたすら文字の上で目を走らせる人間がいてくれないと都合がわるい。学校で教えよう、となったのである。

いつまでも古い殻をひきずっているのは賢明ではない。本来のことばの力を引き出すためにも、耳のことばを大切にしなくてはウソである。

「はじめに耳のことばありき」。

四十ヵ月の暗黒

生まれてから四十ヵ月ほどのあいだ、もっともよくはたらくのは耳である。視覚、触覚などがまだよくはたらかないうちから、最高の活動をする。おそらく一生のうちでもっとも耳がいいのはこの時期であろう。

その聴力によって、ことばをゼロから身につける。ことばはきわめて複雑なシステムであるから、大人になっても、自分の用いていることばをはっきり説明することができない。

それを、あまり優秀とはいえない〝先生〟から教わる。教わるというが、教える側は、はっきりした意識もないままことばをつかっていることが普通である。それを聴きとり、洗練させて、自分のことばをつくり上げる。

とにかく、新生児の耳はすばらしく鋭敏にできているらしい。

日本人は学校からはじめた英語で、ＬとＲを言い分ける、聴き分けるのはむずかしいが、赤ん坊のときに聴かせていれば、百パーセント区別できるし、発音できる。イギリス、アメリカのこどもと違うところがない。

しかし、その後つかわなくなると、ものごころのつくころには、もうその聴き分け能力、つかい分け能力は消滅している。十年もたってからいくらか練習したくらいでは、どうにもならない。

この初期の耳について、不思議なことに、そのときにおこっていたことを、後年、まったく思い出すことができないのである。

三歳くらいのときのことを覚えているという人があるが、本当の記憶かどうかわからない。あとでまわりから聴いたことを覚えているのであって、本当の自分の記憶であるか疑わしい。

聴覚にしても、いろいろな音、声を耳に入れたに違いないが、いちいちそれを覚えていない。くり返し聴いていることをもとにして〝自分のことば〟をつくっていく。

その過程はたいへんこみ入っていて、いちいち覚えていられない。その重なり合うところから、ことばというものをつくっていく。教わらないことばを自分でつくり上げ、〝文法〟のようなものを自力でまとめる。

たいへん複雑で、とても記憶していられない。忘れるともなく忘れてしまう。それで、のちのち思い出すことができないのであろう。

人間はみな、四十カ月の暗黒時代をもっているように思われる。「三つ子の魂」の三つ子とは、三歳くらいまでの幼児のことである。

暗黒時代のことはもちろん何もわからないが、「三つ子の魂」がこの時期に形づくられるらしいことはたいへん興味深い。

耳を育てる

幼稚園に入るころのこどもの耳は、すでに相当に疲れているのかもしれない。ことばの習得という大事をなしとげて、ホッとしているのかもしれない。すでに、口はものを言い、目でものの見分けがつくようにはなっている。独力ですべてのことをさばいていた乳幼児とは違うのである。耳が疲れ休みをしているのかもしれない。

幼稚園の子は、相当、耳が悪くなっている。人の言うことをしっかり受けとめない。奇声をあげるが、それを不快と感じる感覚も未熟だから、やたらに大声をあげる。

幼稚園の先生は、こどもに静かに話を聴くことができるようにしたいと考え、努力、苦心するのだが、なかなか成功しない。動物のなき声を真似ると、こどもは耳をそばだてて静かにする、ということを大人が発見するのに、何年もかかる。

こどもは人の話など聴けるわけがない。どこか、そういう悪い思い込みができてしまっているようである。

幼稚園がそうだから、家庭はもっとひどい。こどもに親の言うことを聴かせることができたら、たいしたものである。たいていは、こどもに「よく聴け」と教え、しつけることを早々とあきらめる。

どこの国でもそうだろうと思っていたが、そうでもないことがわかって、すこしおどろいた。イギリスに、

Children should be seen and not heard.

ということわざがある。文字どおりを日本語にすると、「こどもは見られるべし、聞かれるべからず」となる。

さあ、これがわからない。ことばはしごく平易であるが、何のことを言っているのか、日本人にはまるでわからない。

明治以来、わからないまま、いまもなお誤解される。日本で出たある英語のことわざ辞典は、「こどもはよく監督すべきで、甘く言うなりにしてはいけない」などと解釈してしまった。

そんなことではない。

「大人の前では、よけいなことを言わないで、じっとしていなさい」

〝聞かれるべからず〟は声を出すな、口をきくな、ということ。つまり、だまっていなさい（＝見られるべし）というしつけ。口をきいてはいけない。わかっても、わからなくとも、じっとよく聴きなさい、という含みである。

言論を大切にするのだったら、相手の意見を、かりに考えを異にしても、じっと最後まで聴く度量がなくてはならない。

自分の勝手なことだけまくし立てて、相手の言うことははじめから、聴く耳をもたない。こういう人間が集まっていては、バベルの塔をつくるだけであろう。

これは理屈である前に感覚であるから、こどものときからしつけとして、人の話をよく聴くことを教えておかなくてはいけない。

しかし、耳をバカにしてきた日本では、百年にわたってこのことわざが謎のようであった。

日本の家庭でこういう注意をすることはまったくない。大人同士の会話をじっと聴いている子は少ない。たいてい、よけいな口をはさむ。

親はそれをたしなめないで放っておく。相手が気をきかせて、「かわいいわね」などと言うから、こどもはいい気になる。

人の話を聴かずに、勝手放題をわめく悪いくせは、こうしてつくり上げられる。そうして、講演を静かに聴けない高校生が育まれる。

学校の授業はだいたい話によっておこなわれる。教科書もあるが、教師の授業は耳に訴えることばである。

耳をバカにしていると、授業のよくわからぬ生徒が多くなることを防ぎようがない。日本人の知能にかかわる問題であるように思われる。

アメリカ、ことにアメリカの中流家庭は、イギリスを範とする傾向がつよい。先ほどの「こどもは見られるべし、聞かれるべからず」にしても、家庭のしつけの指針としているところが少なくない。

人の話は静かに聴かないといけない、という考えが重視されている。そういう考え方を、日本の幼稚園も尊重する必要がある。

耳のよくない、よく聴けない子が少なくないから、耳をよくするしつけをするところも少なくない。

「リスニング・テスト」などと呼ばれる練習をする。

ほかの子が遊んでいて、かなり騒々しい遊戯室の一隅で、テストはおこなわれる。先生が小声で、何かしゃべる。それをかなり離れたところにいる子が聴き取って、復唱するのである。

慣れないうちは、よく聴き取れない。こどもは当てずっぽうを言う。先生が「私はきのうデパートへ行きました」と言ったとする。よくわからない子は、いい加減に「私は、パークへ行きました」などと間違う。

先生は「違います。もう一度、よく聴いて……」として、同じことを言う。何度目かには、正しく聴き取れるようになる。

おもしろいと思って、私はかつて、ある幼稚園で似たようなことをしてみたらどうかとすすめたことがある。

先生たちは、はじめから問題にならないといったふうであった。先生たちの耳も悪くなっているのであろう。

のんびり耳の訓練

日本人は昔から目を大切にし、耳を軽んじてきたが、ただひとつ、例外がある。旧軍隊の訓練である。といっても、戦前のことである。

われわれは中学校（旧制）の〝教練〟でその真似ごとをした。そのひとつに、〝逓伝《ていでん》〟というのがある。

小さな隊が前進するとき、前の隊と後ろの隊が一キロメートル離れて行進している。そのあいだに、中継役を二百メートル間隔で二名ずつ置く。もちろん全員、同じ速度で同じ方向へ行進している。

アルファー……A……B……C……D……ベーター

アルファーからメッセージ、命令などがAへ伝えられる。Aは同じことをBへ送る。BはC、CはD、そしてベーターへ、メッセージが届く。これを正確に伝達するために訓練をするのである。

もちろん、遊びではない。重大なメッセージのこともあるから、正確でなくてはいけない。それで訓練をするのである。

なんとなく、アルファーを出たメッセージはそのとおりにベーターへ届きそうだが、実際にはなかなかそうはいかない。それどころか、たいていアルファーとは違った、誤ったことがベーターに届くのである。

ABCDのどこかで間違うらしい。それをなくすのは、意外にむずかしい。人間の耳は、不正確なのかもしれない。緊張した心理がメッセージに作用して、変形させるのかもしれない。

いつだったか、静岡で地震についての訓練情報を出したところ、いくつもの中継点を経ているうちに、〝訓練〟が落ちて、本当の地震がおこるようなことになって、大混乱になったことがある。軍隊や教練で、逓伝の訓練をしたのはムダではなかった。

逓伝に限らず、昔の軍隊は、耳のことばを大切にした。命令などを受けた者は、復唱しなければならない。

「○○上等兵は、△△へ行って、××係から□□を受領して帰れ」

命令を受けた○○上等兵は、

「○○上等兵は△△へ行き、××係から□□を受領して帰ります」

といった復唱をすると、

「ヨシ！」

となる。耳の確認である。

かつて、声楽家だという老婦人の話につり込まれたことがある。この人が若いとき、外国でドイツの俳優兼音楽家から、「アーということばの言い方が百七十八種類ある」と聞き、目からウロコの落ちる思いをした。

さらに、そのドイツ人は、

「ドイツ人のアーと、フランス人のアーとは違います。イギリス人、イタリア人、スペイン人には、それぞれのアーがあるのです」

と言って、実演をして見せてくれたそうである。

音楽家はたいへん敏感な耳の持ち主で、ちょっとした音の差違ですらのがさない。

それに対して、耳がすこしのんびりしていることが多いのが日本人である。

耳の訓練は、昔の軍隊でなくても充分有用である。

笑いは知的

若いとき、たまたまある年に、三つの国立大学で教養課程の新入生のクラスを教えることになった。専任の大学と、偏差値がもっとも高い大学、それに、外国語専門の大学である。

同じテキストを使用し、毎週、同じ進度ですすむ。おもしろい試みだと、ひそかに得意になっていた。

秋になると、三つの大学はそれぞれ違った学生をもっているのだ、という当たり前のことを新たに考えさせられるようになった。もっとも大きな違いは、笑いである。テキストの本文は同じで、それを説明するこちらの話も似たりよったりである。

それなのに、学生の反応は三つのクラスではっきり異なる。いちばん優秀な学生を集めているクラスは、実によく笑う。ついで、偏差値の高いと見られている大学の学生がよく笑った。しかし、すこし違うところで、違う笑い方をするのである。

三番目の大学は、同じように話をしているのに、ほかの大学で笑ったところで笑いが少ない。いかにも弱々しい笑いである。

この違いはおもしろいと思って、ずっと注意していたが、笑いと頭のはたらきは深く結びついているらしいということを考えた。

たまたまそのころ、ヨーロッパで赤ちゃんの優秀さを競うコンクールがある、ということを知った。日本ではまったく知られていなかったが、国際コンクールのようなものである。各国から、生後何カ月、何日で笑うようになったというデータを持ち寄って競うらしい。早く笑ったほうが頭がよい、となっているという。

新生児は、はじめから泣く。しかし、はじめから笑う赤ん坊はいない。笑わない子もやがて笑うようになるが、それは頭のはたらきであると考える人たちがこしらえた、赤ちゃんの笑いコンクール、というわけらしい。

笑いと知能の結びつきを認めているのが注目される。笑いをむしろバカにしてきた日本人がそっぽを向くのは自然だが、新しい刺激を与える話である。もともと、泣くのは生理的である。心理的な泣きもあるが、多くは本能的である。

それに引きかえ、笑いは知的で、生活的、社会的ですらある。

どちらがすぐれているということもない。ただ、泣かないこどもはいないが、笑いの少ない子はいるらしい。

まじめ人間を評価してきた日本は、笑ったりするな、まじめにやれという空気につつまれて育つうちに、知性の一部がそこなわれるのかもしれない——。そんなことは考えないでもないが、日本人の知能の限界とかかわりがあるかもしれない。

頭のいい子は早く笑う、よく笑う子は頭がいいと考える人たちが多い国がある、というのは、われわれに多くのことを考えさせる。

心の糧は耳から

ヨーロッパの近代は視覚偏重が特徴であるが、それを反省することは少なかった。それをまるまる模倣しようとしてはじまった日本の明治以降の文化は、さらにいっそう強く文字と活字に偏ったものになった。

ヨーロッパでは、

「見ることは信ずることなり（Seeing is believing：百聞は一見に如かず）」

を真に受けて聴覚をないがしろにしたのだが、このことわざが、印刷革命、すなわちグーテンベルクの活版印刷革命を追認することになる、などと考える識者は日本にあらわれることはなかった。

近代文化は視覚に偏り、聴覚を軽視していることを認められなかった。「知識は会話よりも価値あり」とする思想が、自覚されることなく社会を動かした。視覚文化も生活的でないことはないが、聴覚文化に比べれば、はるかに遊離している。

学校教育にしても、文字を読むことからはじめる。「聴く力がなければ、読むことはできない」などと考える小学校教師はなかった。

「聴くのは放っておいてもできるようになる。とくに教えようとしない家でも、みんな、聴くことができるようになる」

根拠もなくそんなことを考えた。

日本人が考えたのではなく、十八世紀のヨーロッパでそう考えて、初等教育を発足させた。

日本では、小学校のできる前に寺子屋があった。漢字があった。わけもわからぬこどもに、論語を教えた。教えたというより、声を出して読ませた。音読である。

いかにも乱暴であるが、視覚と聴覚を総合している点でユニークなもので、近代教育の読み方教育など遠く及ばない効果をあげることができた。

西洋式教育によって、黙読中心のことばの授業が定着して、日本人は大きな損失を受けることになる。ことばが生活から切り離されて、知識をはこぶものになってしまった。

日本人の思考がひ弱であるのは、ことばが生活から離れすぎた点に原因があるように思われる。

生まれてくる子は、まず、耳でことばを覚える。さきにも書いたことだが、人間の感覚、能力で、聴覚がもっとも早く発達していて、生まれる何カ月も前から母親の胎内で耳だけははたらいていて、母親の見ているテレビの音にも反応するらしい。

そこへいくと、視覚の目ざめは情けないほどおくれる。生まれて当分はものがはっきり見定められないのである。

こどもが生まれたら、まず母乳か人工栄養を与えなくてはならず、これはすべての親が怠ることはない。母乳は体の糧であるが、人間、それだけでは足りない。心の糧も与えなくてはならない。

体の糧は口からであるが、心の糧は耳からである。

人知がおくれているのだろうか。体の糧は与えても、心の糧を与えるのに、それほど熱心でない。それどころか、こどもに耳からのことばを教えるのは、こどもの一生を左右する大事であることを知らない。

生まれてくる子こそ、いい迷惑である。せっかく耳をはたらかせられるようにしているのに、しっかりした、はっきりしたことばを聴かせてもらえない。

耳が泣いているに違いないが、耳は口とちがって声をあげることができない。ボンヤリした大人は、声なき声を聴く力をそなえていないことがほとんどである。

せっかく耳をよくして待っているのに、ことばを教えてくれる人がいない、というのはおそらく太古からはじまった子育てのうえでの大過失であったといってよい。そのため、人類はもてる能力を殺してしまったかもしれない。

それでも、子守うたを聞かせるとか、赤ちゃんことばで話しかける、ということはおこなわれてきた。それが、親が高学歴化するにつれて、おろそかにされるようになった。赤ちゃんことばなんか気恥ずかしくて口にできない、という親は少なくない。

その代わりに、本を読んでやる。読み聴かせをするといって得意になる人がふえた。読み聴かせ、もちろん結構だが、まず、生活のなかで話しかけて、自然なことばを覚えさせることを忘れてはいけない。

生まれたばかりの子には、何もしてやれない、などというのは考え違いである。耳は充分発達していて、耳のことばを教えられるのを待っている。

大人がうっかり、ではなく、ボンヤリしていて、大事なことを怠るのである。

その反対の例もある。

日本語学者の池田摩耶子さんはかつて同僚であったが、私は池田さんのように美しい日本語を聴いたことがない。私だけでなく、聴く人はみなその声に魅せられた。

教授会での委員会報告は、たいていおもしろくない。耳を傾ける人も少ないのが普通であるが、池田さんが起ち上がると、みんな耳を向けた。

聴くだけでいい気持ちになるのである。鈴をころがすような美声、ということばがある。池田さんの声はそれ以上であった。

池田さんはかつて名アナウンサーとして知られた人のお嬢さんである。興味をもった私はあるとき、そっと、「お父さんからことばを教えられましたか」ときいたことがある。

池田さんは「なんにも教わりませんでした。ときどき、そういうことは言うものではないと言われたことはありましたが……」と答えた。

とくに教わらなくとも、話を聴き、声を聴くだけで、すばらしいことばを身につけることができたのである。めったにあることではないだろう。

名アナウンサーを親にもつ、などということは、ふつう望むべくもないが、音声の録音・再生が容易になった現代である。生後四十ヵ月くらいまでの子に正しく、美しく、あたたか味のあることばを聴かせることは、しようと思えばできないことではない。

いまの俗悪なテレビ番組を見せ、聴かせて平気でいる人たちは、もうすこし考えてもよい。こどもにとって一生の問題である。

三分のスピーチ

明治のはじめのころ、英語を学ぶ日本人はたいへんな苦労をした。単語を覚えるのに、

ビー・オー・オー・ケー＝book＝「本」

といった具合である。

エイチ・オー・テー・イー・エル＝hotel＝「日本にないもの」

この「日本にないもの」がたくさんあった。スピーチ（speech）も、そのひとつである。

日本にないものでも、なんとか日本語の訳語をつけようと、多くの英学者が努力した。

スピーチにはやがて「演説」という訳語ができた。考えたのは、福沢諭吉であったということになっている。

こうしてできた訳語には秀逸なものが多く、中国が英語の訳語を求めたとき、日本の訳語を借りたものが何百とある、という研究もある。

スピーチの訳語には、のちに雄弁、弁論などということばもあらわれて、演説よりすこし短いあいさつ、などの意味がつよくなった。日本人は、スピーチなどしたことがなかった。

戦後になって、アメリカのいろいろな風俗が入ってきた。そのなかにスピーチがあった。

一般にはじめてスピーチがあらわれたのは、結婚式の披露パーティーであった。ホテルなどの宴会場でパーティーがひらかれるのだが、出席者のスピーチがいくつもある。

あまり長くてはいけない、ということをはっきり心得ている人はむしろ少ない。だいたい、あらかじめ考えてきたスピーチではない。当日、受付で、係の人から、「スピーチのごあいさつをよろしく」などと頼まれたりするのである。スピーチのなんたるかを知らぬのだから、のんきである。軽く、「いいですよ」などと引き受ける。

スピーチのむずかしさを知っていれば、そんなことを言われたら、断る。「ほんのひとこと」などと言われて、安請け合いするのは、わかっていないのである。短いからこそ、スピーチは手ごわい。

アメリカ歴代の大統領のうちもっともうまい演説をしたのは、第二十八代のウィルソン大統領ということになっているそうだ。

そのウィルソンが、あるとき、〝三分のスピーチ〟を依頼された。すると、

ウィルソンのこたえは、

「一時間の講演をせよ、と言われるのなら、いますぐでもはじめられますが、三分のスピーチでは少なくとも一晩は考えさせてもらいませんと……」

であったという。

そんなことはもちろん知らない日本の紳士は、気軽に即席スピーチを敢行する。

何を話すかの心づもりもなく話し出すのが乱暴であることも知らず、とにかくしゃべり出す。自分でもわけのよくわからないことを口走っているうちに、だんだん調子が出てきて、愉快になる。

やがて、そろそろ終わらなくては、という気になるのだが、あとからあとから言い足りないことが出てくる。止まろうにも、ブレーキがきかない。

「終わりに……」と言うから聞いている人たちは、やれやれ終わってくれるかと思うと、「ついでに、もうひとつ申し上げたいことがございまして……」などと言い出す。

同席の人はうんざりして、隣の客とヒソヒソ話をはじめたりする。いちばん被害を受けるのは調理場である。つくった料理が出せずに冷めてしまったり、いろいろ手順が狂うのである。若いコックが、

「スピーチとスカートは、短いほどいい」

と毒づいてまわりを沸かす。シェフはすこしも騒がず、

「スピーチもスカートも、なけりゃ、もっといい」

と言って貫禄を示す、という笑い話ができた。

スピーチのむずかしさはだんだんわかってきたが、そのわりに、スピーチのうまい人がふえたわけではない。だらだら、おもしろくもない長話に愛想をつかす向きがふえて、スピーチが嫌われるようになり、ひいては、そういうパーティーも喜ばれなくなり、盛大な披露パーティーが減ってきた。スピーチなんかなくなれと毒づいたコックたちも、手持ちぶさたになったかもしれない。

同じように下手だが、社会的にえらい人ほどつまらぬスピーチをする。

社長がまっさきに、いちばんおもしろくない話をする。専務はすこしマシだが似たりよったり、平取はすこしマシ、部長課長になるとだいぶいい。同僚のすっぱ抜きエピソードは会場を沸かす。

話し上手が大物

書くのと話すのは別である。文章のうまい人が話が上手とはかぎらない、それどころか、文章家の多くは話し下手である。

ある大新聞の名記者が、頼まれて、幼稚園のこどもに〝お話〟をすることになった。

頼むほうも頼むほうだが、世の中のことを知りつくしているはずの記者が、幼稚園のこどもに話ができると思ったのは、不明というほかはない。幼児教育の相当のベテランでも、園児に三分、静かに話を聴かせるのは容易ではない。

この名記者、そんなことはご存じなかったらしい。ゆうゆうとこどもの前に

あらわれて
「きょうは、フランダースの犬のお話をします」

と切り出した。すると、いちばん前にいた子が、すかさず、

「ボクンチの犬、ダックスフントだよ」

と、ヤジ（？）をとばした。名記者、気が動じたのか、話の継ぎ穂を失って、しどろもどろで退散した。


小学校の校長は、全校児童に話をしなければならないが、これには、幼稚園児とは違ったむずかしさがある。

一年生は何もわからないが、六年生はかなりもの知りである。

一年生向けに話せば、六年生が退屈する。六年生向きの話をすれば、低学年は、チンプンカンプンである。

みんなにわかり、しかも、退屈させない訓話をするのは、神業に近い。

「校長訓話集」といった本があって、広く売れているという。同じ話を聴かさ

れる児童が全国、あちこちにいるはずである。

学校の先生になるのに話し方の教育を受ける必要がないものだから、先生が話し上手であるのはむしろ偶然であって、校長はその教師たちのなかから選ばれるのだから、うまい話のできる校長がいれば美談ものである。


いまのところ、学校の教師より話が上手な人が多いのは政治家であるが、本当にうまい人はそんなにいるわけではない。

かつて、永井柳太郎という政治家が名演説で有名であったが、いま録音で聴いても感銘を受ける人は少ない。名調子というのが、厭味に聞こえるのである。

私は幸いに、話の上手な政治家の話を聴くことができた。

田舎の小学校三年のときである。放課後、グラウンドに集められて、だれともわからぬおじさんの話を聴くことになった。

全分校六百余名の生徒を前にして、吹きさらしの台にのぼった講師は、ゆっくりした調子で、

「みなさん、桃太郎の話を知っていますか？」

と切り出した。

こども心にも「桃太郎ぐらい知らないでどうする」と思っていると、

「なぜ、桃太郎はえらいのでしょうか」

と言われる。

うーん、それは考えたこともない、と神妙になって、台上のおじさんの顔を見つめる。

おじさんは、ゆっくり、桃太郎のえらいわけを話す。こどもにもわかる話で、おもしろいと思っているうちに話は終わってしまった。もっと聴きたいくらいだった。

その後十数年して、東京の学生になっていた私は、偶然に、そのときのおじさんが、代議士の小笠原三九郎さんであることを知って、たいへんうれしかった。

小笠原さんは、郷里の選挙区から当選した直後に、われわれの小学校で話をされたらしい。ただの代議士ではなかった。話がおもしろかったわけではない。人間としての深みと大きさをもっておられた。

やがて、世の認めるところとなったのであろう。難局に大蔵大臣になってしっかりした仕事をした。

話のうまい人は頭がいい、頭のよい人は大きな仕事をするということを、身をもって示した政治家だった。

ただし、小笠原三九郎さんは希有の人である。ああいう人材がもう少し多ければ、日本の政治も外国にまけないものになるだろう。

少なくとも私は、八十年以上前に聴いた桃太郎の話を、いまもあざやかに記憶している。

文字信仰

いまの人間は、ことばについて誤った考えをもっているが、ほとんどそれを自覚しない。日本だけのことではなく、先進国といわれるところでは、どこもそうであるらしい。

ひとことでいえば、文字をありがたがり、話すことばをないがしろにしているのである。

それは、十九世紀にはじまった近代教育に端を発する。

近代の公教育は、文字の読めない人間をなくすことを目指して発足したといってよい。ことばを読む能力、リテラシーを上げることが目標であった。

欧米の教育を模倣して発足したわが国の初等教育は、文字を読むことのできる能力をひどく重視した。

日本の戦前の小学校では、「国語科」ではなくて「読み方」といった。読む技術を身につけさせるのだが、技術とは考えないで学力と見なし、教える側も学ぶ側も、それに最大の努力を惜しまなかった。

ことばの勉強とは文字の読み方を覚えることだったため、こどもは教科書のなかのことばのほかに、ことばのあることを知らずに成長した。

小学校卒業で読める文字はわずかであるが、それでも有用な能力であると見なされた。日常のことばは読むことばとごくわずかに重なり合っているのだが、方言がつよい地方では、文字と音声は別々のものであった。

音声のことばを見すえるような教育は、小学校だけでなく、中学、高校でも、ほとんど問題にならない。教える側にも、話すことばがことばの基本であるという認識はないのが普通だった。

文字中心の言語観は、教育によって、それとも気づかれずに社会を包むようになった。明らかに偏った文化であるが、近代教育は、それを包みかくして、知らぬ顔をしていたといってよい。

もちろん、文字が最初のことばでないことはわかっているのだが、生まれて間もない子を学校に集めて、ことばを教えることなどできるわけがない。家庭にまかされる。

親は子を生むが、その子の〝はじめのことば〟を教える役目を背負っていることは知るよしもない。

たいていは、ごく自然に、行き当たりばったりのことばの教育をする。この点で、高等動物に見られる「刷り込み（インプリンティング）」が人間に欠けているといってもよい。

未熟児で生まれる人の子は、すぐインプリンティングを受ける状態にないことが、この時期の教育をあいまいなものにした理由であろう。

理由はともあれ、動物のしているインプリンティングを放棄して、万物の霊長などと考えるのは不遜である。

かりに、ことばのインプリンティングをしようと思う親がいても、自分たちが受けたことのないことばのしつけを、どうして教えられるのか。できないにきまっている。

親たちは、「こどもは自然にことばを覚える」などとのんきなことを言っている、恥ずかしいくらいのおくれである。

そういう状態にありながら、こどもはことばを身につける。教えられないのに学びとる力が新生児、幼児にそなわっているのは、おどろくべき自然の摂理というべきである。

生後四十ヵ月もすれば、めいめい自分のことばの基本を体得する。教えられもしないことをどうして学びとることができるのか。人間の神秘のひとつだといってよい。

はじめのことばは、聴きとりではじまる。たいへん高能率な聴き方をしているらしいが、大人になるまでにその能力の多くが消滅してしまっているのは不幸である。あるいは、文字を覚えるようになって、消えるのかもしれない。

とにかく、生まれて数年の、生のことばの経験がほぼすべて消滅してしまうというのは、近代人の背負ってきた、意識されない十字架のようなものであったかもしれないと考えられる。

少なくとも、耳からのことばが目からのことばとほぼ絶縁したのは、人間にとって重大な問題である。

それを認めない教育は歪んでいる。そこに気づかない社会は、誤ったメガネ、文字信仰というものへの反省を欠いていることになる。近代の弊害の多くがそこから生まれていることは、もっと広く認められてよいだろう。

学校へ入ってはじめてことばの教育を受けるこどもは、決して例外的な存在ではない。それまでの幼年時代は、耳からのことばで生きていたのである。

学校は、生活から切りはなした目のことばである文字を、無理やり詰め込もうとする。まっとうな子は途方にくれ、勉強ぎらいになる。従順な子が言われるままに文字のことばを覚えて、優秀な成績をあげる。その陰で、多くのおとなしい子が、どれくらい泣いてきたことか。

文字信仰にとらわれた社会は、そういうことを思いみることもなかったのである。

現代は、文字を覚える記憶力だけを重視している。記憶というものは、忘却と表裏をなして精神的活力になる。覚えるばかりで忘れない頭はあり得ない。しかし、読む書く、読み中心の教育に目がくらんでいると、忘却は悪者にされてしまう。

忘れないほどよい頭だという誤解が一般的になると、知識過多、知識メタボリック症候群に気づくのがおくれ、一種の知識バカがはびこる。

知識バカは、忘れっぽい頭をバカにして生きる。本来、頭には記憶型と忘却型があるのに、記憶型の頭のみを承認して、いびつな知識社会が栄えることになる。

第3章

「読む書く」重視の落とし穴

音読と黙読

いまの人は、〝読む〟といえば、声を出さないで読む「黙読」を頭に浮かべる。音読は例外であると思っている。

発生的に見れば、それは誤っているのである。黙読は進化した読みで、はじめは音読である。

どこの国でもそうで、〝読む〟は、声を出して読むことを意味していた。黙読からはじまったところはなかった。もちろん、日本もそうである。

昭和のはじめごろまで、新聞を声に出して読む人がいたものである。まわりが「うるさいから、静かに読め」と言うと、「声を出さないでは読めない。意味がわからない」と言ったものである。

つまり、文字から直接に意味をとることができない。いったん音声へ移して、それから意味をとる、というのである。昭和のはじめごろまで、音読人間がいたことになる。

いつごろから黙読がはじまったのか。日本のことはよくわからない。諸外国でも、はっきりしているところはすくないのではないかと思われる。

近代文明の発達の早かったヨーロッパにおいても、黙読の歴史ははっきりしていないようである。

そのなかにあって、イギリスに古い黙読の例がはっきりと残っている。

ジェフリー・チョーサー（一三四〇頃〜一四〇〇）は、イギリスでもっとも早い詩人のひとりだが、おもしろいことを詩のなかで述べている。

五月になると、人は野に出て遊ぶけれども、「わたしは石のごとく読む」のを楽しむ、ということを書いている。十四世紀後半のことで、はっきり黙読をしていた根拠としては、もっとも古いものと考えられる。

もちろん、チョーサーの時代に、どれくらい黙読のできる人がいたかはわからない。例外的であったとも考えられるが、チョーサーがこともなげに、「石のごとく読む」といっているところを見ても、すでに一部の人たちのあいだではおこなわれていたと想像される。

古い時代、〝読む〟というのは、自分ひとりの読みではなく、まわりのほかの人に聴かせる目的があった。書物が限られており、文字を読める人が少なかったとき、ひとりが読むのを、ほかの人がまわりで聴くというのが普通であったようである。

古くは、家族は同じ部屋に生活したから、本を〝聴く〟のはごく自然なことであったであろう。

ヨーロッパでは、近代になるにつれて家屋の構造も変わり、家族などが同じ部屋で暮らすことが少なくなり、各人が自分の部屋をもつようになる。少なくとも、中流以上の家族はそうであった。

ひとりでいる部屋では、声を出して読む必要はなくなり、黙読が多くなるようになる。これが個人主義的思考を発達させたことにもなる。

それはそうとして、声を出して読んでいたのを黙読に切り換えるのは、それほど容易なことではなく、新しい技術として習得する必要があった。

十八世紀の終わりから十九世紀にかけてはじまったヨーロッパの近代教育、基礎教育において、読む・書く・算術のリテラシー（能力）を主目的としたのは、自然であり当然であった。

とくに、〝読み〟が筆頭である。この読みは、黙読を指していたから、音読することは少なかった。

音読がなんとなく黙読より低いように感じられる偏見は、反省されることなく一般化して、近代人の言語生活をいくらか独特なものにした。ことばが音を失ったのである。

したがって、声の復権などということは、詩人ですら忘れてしまうようになる。日本の詩人が、自作の詩の漢字の読みをきかれて、はっきりした返事ができない、というようなことまで起こる。

声を内耳に聴きながら書くのを、かりに〝音書き〟とし、文字中心に書くのを〝黙書き〟とするならば、詩人はもっとも〝音書き〟にすぐれているはずであるが、日本の近代詩は外国に影響されたこともあって、声からはなれた、〝黙書き〟をしていることが多い。

現代詩が心に響くものになりにくいのは、声との絶縁に原因があるのかもしれない。

文字あって声なきことばで詩をつくるのはきわめてむずかしい。詩がことばから遠ざかり、絵画的なものになるのは是非もない。

短歌が近代詩に比べてずっと音声的で、調べが重視されるのは〝古い〟のではなく、根源的なのである。漢字の使用が少ないのは偶然ではない。

漢字といえば、俳句は漢字を軸とした詩である。短歌に比べて冷徹なものを伝えることが多いのも、視覚性の故である。

それでも、俳句は声を捨てているのではない。背後に、音声を秘めているのである。芭蕉が〝舌頭に千転させよ（千回、口ずさんでみなさい）〟と教えたのは、声を重視していたことの裏づけになる。

バートランド・ラッセル（イギリスの数学者・哲学者）は五十歳を過ぎてから、「耳で本を読む」ようにした。つまり、だれかに読ませて、それを聴くことを始めた。そのために、文章がひきしまったといっている。

日本語の難点

明治初年、何の用意もなく、ヨーロッパの初等教育を模倣して小学校教育がはじまった。読み中心のリテラシーであったが、当時、その意味を考えている余裕はない。とにかく、読み方を教えよ、となった。

その前に、聴く能力、話す能力をしっかり育成しておかなくてはならない、などと考える人もなかった。

何の疑いもなく、読み方を教えた。「国語科」ではなく、「読み方」といった。話すことばは、はじめから問題にされていない。話すことばはもう知ってい る、と考えたのである。その話すことばが、当時は方言で、文字のことばと大きく異なることなど考えているゆとりがなかった。

百年たっても、東京の共通語がわからないという新入大学生がなくならなかった。

文字のことばの教えを受け、大学入試に合格する程度になっていても、教室で教師の話すことばがよくわからない。そういう秀才がついさきごろまで、どれくらいいたか知れない。それにまったく無関心のまま、国語教育はおこなわれてきた。

テレビの普及でようやく、全国共通のことばが一般化しつつある。日本人の知性はそれによって変化すると考えたほうが現実的である。


文章を読むのは文字を音声と結びつけることだが、さきに言ったように、その音声が共通語と方言とに分かれていたから厄介である。

小学校の国語教育は、はっきりした根拠もなくおこなわれていたといってよく、そういう教育を受けても、一人前のことばがつかえるようにはならない。

ことば、文字には「意味」があるということを、小学校六年間ではっきり理解するのはたいへんに困難である。ことばの「意味」はもともと慣用によって生まれたもので、辞書がきめるものではない。そういうことは、国語の教師の多くが知らない。

もっとも現実的なことばの教育は音読である。これで文字と声が結びつく。これならすべての子がうまく学ぶことができる。

ひとりひとり音読をする余裕のない教室では、こどもたち全員でそろって読む「斉読」をする。これは、こどもたちに特別なよろこびを与える。

かつては、新入生のこどもたちはかなり長く斉読をしたものだが、戦後はなおざりにされて、影がうすくなった。それに対して近年、音読のすすめをする有力な意見があらわれて、現場もいくらか動いているように思われる。

だが、音読は黙読へ入る前の準備のようなもので、文字と音声とを結びつけるにとどまる。

試しに音読してみればわかるが、内容が既知のことがらであれば意味も伝わるけれども、未知のことになると、ただ声を出すだけでは意味がともなわない。そこで、そのあとに急いで黙読に移ることになる。

これが日本のことばの教育における最大の難点である。

ものを書いていると、ときどき、文字がわからないことがおこる。「カンカンガクガク」と書きたいのだが、文字がわからない。ではなく、忘れてしまったのである。かつては文字で書くことができたが、いつしか、音だけははっきりしているのに、文字はまるで思い出せない。

しかたがないから辞書を引く。辞書はこういうときに音のかな文字から引けるから、〝字引き〟の名があるくらいである。国語辞書をたどれば、「かんかんがくがく──侃々諤々」が出てくる。

逆に文字はわかっているが、読み方のわからないこともある。

先年、有力閣僚が、「未曽有（ミゾウ）」という文字を知っていても読み方がわからず、「ミゾウユウ」と言ってマスコミから笑われたことがある。

この政治家は、視覚のほうが聴覚よりも強い、いまの日本人としては珍しいタイプである。普通は「ミゾウ」という音は覚えていても、未曽有の文字を忘れるケースのほうが多い。

「未曽有」の読み方がわからないときに、「カンカンガクガク」の文字を調べるための辞書をひらいても何にもならない。漢字の読み方を知るためには、漢和辞典というもう一種、別の辞書が必要になる。

性格の違う二つのことばの辞書が必要であるのは、日本語の特徴である。漢字とかなでは、同じ日本語でありながら、文字としての性格が異なる。意味をあらわす漢字（表意文字）は〝目のことば〟であり、読み方の音をあらわすかな（表音文字）は〝耳のことば〟というわけだ。

こういう性質の違う二つの要素がちゃんぽんになっているのが日本語の特色である。一筋縄ではいかない。

けれども、それがプラスにはたらくか、マイナスにはたらくか、考える人はほとんどいないようである。

かつては、中学校(旧制)に入ると、国語の辞書二種と英和辞書を買わされた。

どうして英語では一種類の英和辞書があれば足りるのに、国語は二種類必要なのか。考える中学生はいなかった。教師にもうまく説明できなかっただろう。

電子辞書をつかう人がふえたいま、日本語の辞書が二種類あることすら、意識していないのではないか。それが日本人の思考に影響しているようにも思われる。

既知の読み、未知の読み

意味のともなわない音読は、近代の学校教育にはじまったものではない。古くからおこなわれた漢文の音読に端を発している。

「子曰、学而時習之、不亦説乎」(論語学而)

とあるのを師匠が、「子曰ワク、学ビテ時ニコレヲ習ウ、亦《ま》タ説《よろこ》バシカラズヤ」と声を出して読む。弟子はそれについて、同じことを口誦する。

つづいて師が、

「有朋自遠方来、不亦楽乎」

「朋アリ遠方ヨリ来ル、亦タ楽シカラズヤ」

と言う。それをそのとおり、言う。

声に出して言えれば、それで読めたこととされる。文字がひっくり返っているなどということは、はじめての年少の学習者にはわからない。

さらに注目すべきは、句の意味がわからないままで、先へ進むこと。意味なしの読みが「素読」である。ずいぶん乱暴な読み方であるが、はじめて学ぶ者はチンプンカンプンだから、そんなことにこだわることはない。

読むということが、文字と音声とを結びつけて意味を解することであるとすると、漢文の音読は、〝読む〟には入らないかもしれない。

そういう特殊な読み方をしてきた日本人である。文字を音声に置きかえれば、意味はおのずから通ずる、というヨーロッパの読みとは、はなはだ離れている。

漢文は別として、日本のことばで、音読によってわかるのは、先に述べたように既知の内容に限られる。未知のことが書いてある文章を読むと、多くがチンプンカンプンになってしまう。日本語の読みの大きな問題である。

外国語においても、読む者の知識、経験を超えた内容の文章を理解するのは困難がともなうが、日本語ではたいへんにむずかしいのである。

つまり、日本語では、音読と黙読が結びつきにくいのである。音読では既知のことしかわからない。黙読すると、読んでいるのかどうかすらもはっきりしない。音読と黙読とは、断絶している。

明治以降の国語の学習で、この音読と黙読の断絶が真剣に検討された形跡は見られない。

既知を読む音読、ならびにそれに近い読みを、かりにアルファー（α）読み、とする。そして、読む者にとって未知を含む別の読み方をベーター（β）読みということにする。

現在においても、アルファー読みからベーター読みへ進む、しっかりした方法は確立していないのである。

そうかといって、まったく何もなされなかったわけではない。アルファー読みとベーター読みをつなぐものとして、文学教材をとり入れた。

文学的表現には生活上の身近な要素が多く、アルファー読みができそうに思われる。その実、未知も含んでいるから、ベーター読みもできるようになると考えられる。

アルファー読みとベーター読みを結ぶものとして、文学教材はたしかに有効である。ところが、それを解する教師が少ない。

アルファー読みとベーター読みを結ぶということは忘れられて（はじめから、はっきり自覚されていなかったかもしれないが）、文学青年の教師が文学好きの少年、少女を育てる結果になることが少なくなかった。

国語教育が、本当の意味での言語教育にならずに、小説、物語好きのこどもを育てたことは、日本人の知性にとって大きな問題であったといわなくてはならない。

アルファー読みのことばはストーリー的であるが、ベーター読みのことばはロジカル（論理的）だとしてよい。

日本人がストーリー的な思考に偏りがちなのは、アルファーことばがベーターことばを圧倒してきたことと関係があるように考えられる。

「読む書く」偏向教育

近代日本の不幸は、ことばが弱いことである。しかも、それを疑うことはなかった。ことばはいまも泣いている。なんとかしようという試みすらなく、文化的活力を失いつつあるようで、さすがに、一部に危機感があらわれはじめている。

ことばの不幸は明治維新からはじまった、としてよかろう。政治的革命をおこした人たちに、文化を考えるゆとりと教養がなかったのは是非もない。とにかく、外国のものを〝摂取〟しようとした。〝摂取〟ということばはよいが、ありようは、借用、模倣である。

そのなかにあって、外国語を国語にしようという声が広まらなかったのは、幸いであった。

一部識者に国語を変えようという考えがあったが、これを抑えたのは言語的ナショナリズムであった（この前の戦争のあと、日本語をすてようという妄言を吐いた人たちを抑えたのも、やはり日本語ナショナリズムである。日本のエリート、文化人は、すこぶることばに弱い）。

国語は守ったものの、ことばの教育には不熱心、というより無関心で、外国でやっていることをはっきりしたこともわからずに模倣した。英語の教育に遠く及ばなかった。

その外国のことばの教育が歪んだものであることなど、いまだにわからないのだから、明治の昔にわかるわけがない。

ヨーロッパ、アメリカの義務教育のどこがいけないかというと、ことばを生活から切り離して、知識、技術として教えようとした点である。ことばの教育として重大な欠陥であるが、それを家庭のしつけで補っていたのである。ことばの教育制度をとり入れるにあたって、家庭の教育力を想定するものはなかった。それで見当外れな言語教育をすることになった。

欧米で、ことばの教育が生活から切り離されておこなわれるようになったのは、十九世紀になってからである。

「読む、書く、算術」の3R（Reading, Writing, Arithmetic）の能力をつけることを目的とした。いまはリテラシーといわれるものである。

日本は、早くから読む書くの教育がおこなわれていたから、3Rのリテラシー教育は渡りに船、といったところもあって、たんなる模倣ではなかったといえるかもしれない。

そのリテラシーを言語能力のすべてであるように考えた点は欧米ゆずりであり、それをいっそう先鋭化したのが日本である。

戦前の小学校は、国語の読み方を中心に学習をすすめたが、ことば全体を教えるのではないことを自覚してか、国語といわずに「読み方」と呼んだ。「書き方」は、文章を書くのではなく、筆で文字を書くことであった。文章を書くのは「綴り方」と呼ばれたが、本格的な授業はおこなわれず、宿題でお茶をにごす程度であった。

こういうことばの教育をだれも疑問に思わなかったのは不思議であるが、戦後になるまでつづいていたのである。

戦後、アメリカから教育視察団がやってきて、日本の教育全般について改善の勧告をおこなった。

日本の国語教育はアメリカの教育者たちに大きなショックを与えたらしい。彼らは、日本の学校が読みに偏重し、聴く話すについて、何ひとつ指導していないのにおどろいた。たいへんな偏向である。読む、書く、聴く、話す、の四技能を並行してのばす教育を日本に勧告した。

占領下のことである。一も二もなく、それにもとづいて学習指導要領なるものも作成された。

おどろいたのは現場である。話し方、聴き方のことなど、まるで知らない。もっぱら読解を教えてきたのである。

それではいけないという反省もあって、作文教育は一部でおこなわれていたが、作文コンクールに入賞できるのを目標にするところが多く、本当の文章の書き方を教える教師はいないといってよいほどである。

日本の学校はここで、レジスタンスをおこした。教師だけでなく、教育委員会、ひいては文部省も、この四技能並行学習を棚上げにしてしまったのである。国語の検定教科書のはじめのほうに、お印ばかりの、話し方、聴き方の教材を並べるということすら、いつとはなしにやめてしまった。それが不当である、という声はどこからも上がらなかったから、問題となることもなく消えてしまった。

日本人はことばを大切にする。熱心にことばを学ぶ。かつては、「言霊の幸ふ国」といわれたほどであるが、そのことばは文字が中心である。聴く話すのはことばには違いないが、どちらかといえば価値の低いことばである。日常にこと欠かなければそれでよし。わざわざ勉強するまでもない。そういう考えは、社会全般に浸透している。

ギリシャ型と中国型

希望する人間が多く、受け入れられる人数に限りがあるとき、競争がおこり、優劣を決する選択が必要になる。

いまに始まったことではなく、昔から、社会的に望ましいとされるコースを求める人が多くなれば、選抜は必然となる。その方法は大別して二つ。

「ギリシャ型」

「中国型」

と呼ぶことができる。

ギリシャ型選抜は、推薦、保証によって支えられる。しかるべき人間が、本人の能力を認め、推挙、推薦、保証するものである。採用する側は、推薦を信用して受け入れる。

人間的である。ことばによって人間を評価できると考えていて、楽観的であり、性善説によった選抜である。その陰で、情実とか虚偽の入りこむ余地があり、推薦者が選別される必要があるのが難点である。

中国型選抜は、いわば性悪説に立脚しているといってよく、推薦にまつわる情実、虚偽を排除すべく、徹底した筆記試験を制度化するのである。採用者は受験者をまったく知らないのが通常で、情実などの立ち入る余地はない。筆記試験では客観的優劣をつけることができる。

それを制度として確立したのが、かつての中国の「科挙」である。国の高級官僚はすべてこの科挙に合格していなければならなかった。

筆記試験は知識を問うことはできるが、人間の力を知ることはできない。会話を犠牲にして、知識の勉強をしないと試験に合格しない。

そのために、円満な人間になることを諦めなくてはならないかもしれない。

血の通わない冷たい役人にはなれても、人間らしい人材を得るのは困難である。

日本は古くから中国の社会、文化につよく影響されてきたにもかかわらず、科挙のような厳正な採用試験が制度化することなく、いくらかギリシャ型選抜がおこなわれてきたように思われる。

明治になって、入学者の選抜の必要が生じて、筆記試験が制度化する。しかし、これだけでは充分でないという考えが一般にはつよく、たとえば、商売をする人が奉公人を選ぶのはギリシャ型のほうであった。

外国文化につよく影響される官庁、学校、おくれて企業が、筆記試験で中国型選抜をおこなった。

戦前は、公的競争には試験がおこなわれ、私的な人選は推薦、保証などギリシャ型選別をしていた。

戦後、アメリカの影響によって、大企業などでは入社試験が主流になる。しかし、筆記試験で本当に優劣がきめられるのかという疑問は、底流として消えない。

筆記試験ではっきり優劣をつけられるのは、記憶を中心とする知識力と理解力であるということを社会全般として忘れており、学校当局も、見ないふりをしてきた。その結果、偏った人材がエリートになるという事態を避けることがむずかしい。

学校の入学試験で面接が重視されるようになったのも戦後になってからで、それまでも面接試験はあるにはあったが、よほどのことがない限り合否にかかわることはなかったのである。

推薦入試の盲点

入学試験は昔から社会問題化して揺れつづけてきた。選抜というのは不自然なことで、理想的な方法などあるわけがないのだから、フラフラしていて当然かもしれない。

ただ、それを受ける若い人にとっては、一生に二度か三度の関門だから、選抜の基準がフラフラしていては困るのである。

戦後、間もないころ、東京のある国立大学の附属中学校が、入試の方法を大きく変えた。

それまでずっと男子のみを入れていたのに、女子も入学させることになったのに合わせて、入学試験もそれまで筆記試験中心であったのを改めて、面接中心にし、筆記半分、面接半分の配点にした。

新しい試みだからというので、面接試験は校長をはじめとする幹部職員数名が当たることになり、各委員の点を合計して面接点とすることになった。

試験の結果、ある女子生徒がとび抜けた高点を得た。面接の点に、各委員とも満点を与えていたのである。教師たちはどんなに優秀なこどもが入ってくるかと期待した。

四月になって授業がはじまってしばらくすると、新入生のクラスで授業した先生たちが騒いだ。

すばらしくよくできるはずが、さっぱり。簡単なことでも答えられない。どうしてあんなのに最高得点を与えたのか。面接をした人たちの目は節穴ではないか、とばかり、若手を中心に面接に当たった人たちを非難したのである。

えらそうに先輩教師を槍玉にあげた連中だって、面接試験官をさせたら、似たりよったりのことになるだろうということを、考える者はいなかった。

つまり、学校全体、教員全体が、面接試験というものがよくわかっていなかったのである。面接試験で点をつけるということのむずかしさも、考えていなかった。

そういう試験をされても、受験生は何も言うことは許されない。こどもたちの家庭もひどい試験であることを知らないから〝知らぬが仏〟である。

この中学校は、力のある先生がいないのに、面接試験をしたのである。なにせ、それまで何十年も男子校の名門として威張っていた学校だから、女性教員もいなくて、共学になってあわてて家庭科担当の女性教師を入れたくらいである。

しかも、面接に当たった教師がいずれも年輩で、女子教育についての経験は皆無でありながら、面食いであったのである。うまくいかなくて当然。

トップで入学した女子生徒は、おじさんがコロリとまいる、実にあどけなく、可憐な顔立ちだった。試験官はそのかわいさに目がくらみ、みんなそろって高点を与えたというわけである。

さすがにショックをうけた学校は、次年からはもとの筆記試験中心に戻した。筆記試験でわかるのは記憶の知識、文字であるが、受験生の顔が見えない、姿も見えないから、妙な判断が介入する余地がない。一点刻みの点数をつけることができる。

入学試験は競争だから、一点の差が合否を決することがある。正確で、悪い主観を脱することができる点では、妥当な選抜方法である。

そういうことがあってから二十年くらいたったころ、筆記試験一辺倒に対する批判が、受験生をかかえる家庭を中心にあらわれるようになった。筆記試験ではふだんの学力が正しくとらえられない。ふだんのこどもを知っている学校の推薦による入学があってしかるべき、というのである。選挙区をかかえる政治家がそれを利用しようとしたらしい。自治体の首長が推薦入学をすすめようとした。

たまたま私は、A県の教育委員会からの委嘱を受けて、推薦入学検討委員会の委員になった。私は、推薦母体の知的誠実さにいくらか疑念をいだいていたので、安易な推薦制導入には慎重であった。

委員会に出てみると、ほかの委員がほとんど全部、推薦制賛成であったのにおどろく。あらかじめ、そういう人選が考えられていたのであろう。

委員長は地元の国立大学長で、もちろん推薦制賛成だった。委員会の結論はもちろん、推薦制導入を支持するものであり、翌々年から実施された。

それは中学から高校への進学のことであったが、高校から大学への入学にも推薦制が導入され、これはアメリカの大学でやっていることだ、というのを錦の御旗にした。

アメリカではうまくいっているが、かといって日本でうまくいく保証はすこしもない。推薦者がとかく無責任である日本で、推薦制がうまくいったらそれこそ奇跡だ、といってもいいくらいである。

その後をながめていたが、十年もしないうちに推薦制の負の面が表面化して、再度、制度に手直しを加えるようになったのは、おもしろかった。

日本語は正直か

私はかなり長いあいだ、大学入試で受験生の内申書を見る役についていた。そして高校の書くことが、実にデタラメであることを知った。

すこしできると、「抜群」となる。同じ学年に抜群が何人もいるに違いない。学業がさえない生徒には、「生徒間の人望が最高である」などと半分でませのようなことが書かれている。どうせウソをつくなら、もっとうまいウソを考えないといけない。

アメリカの大学は、日本人留学生の提出する推薦をほとんど信用しないようである。

日本人の書く推薦状は正直でない、というのが一部で定評になっているのは重大な問題である。

日本人は心にもないことを書くのが文章力のように考える傾向が見られるが、〝正直は最上の策〟であるということを噛みしめる必要がある。

〝正直は最上の策〟というのは、もとは商売について言われたイギリスのことばであるが、日本では教育、文化においても、ウソが多すぎる。

日本のことばは、どこか、文飾に甘いところがある。アバタもエクボと言いくるめるのを、手柄のように誤解する。日本語は本当に力をもっているのかどうか、反省してみる必要がある。

企業も入社試験をする。筆記も面接もあるが、試験についての経験は学校、大学には及ばない。玉をすてて石ころをとり入れていることが、かなりしばしばおこっているはずである。とくべつな能力を要求するのでないなら、第三者機関に選抜を委託したほうが安全、賢明かもしれない。

その第三者的選抜をしているのが国家試験である。

近年、むやみと国家資格がふえて、それに苦しむ人が急増しているのに、社会は無関心である。

もっとも被害を受けているのは、外国から日本へ働くためにやってきている人たちである。外国人にも日本人と同じような筆記試験をする。外国人に日本語をうまく教えられる人間がほとんどいない状態で、外国人に日本語能力を要求するのは不当である。

志を果たさず怨念をもって帰国する人がどれくらいいるか、知る人ぞ知る、である。放置しておくのは日本の恥である。

日本人はもっとことばを大切にしなくてはいけない。

うまいことばをつかうのではなく、誠実なことばを大切にする。文字、文章の技術を過大視しているのを反省しなくてはならない。

話すことば、聴くことばで、ものを考え判断し、選択する力を身につけるのは、読む書くの教育よりずっと手がかかってむずかしいことになる。

そういうことを考える人がふえないと、日本は世界の大勢にとり残される危険が大きい。

筆記試験も面接試験も、ことばを用いることでは共通している。文字による筆記試験と話すことばによる面接試験は、ことばの限界もあって、ベストのもの、ベターなものを選抜することがむずかしい。

そこであらわれたのが、「脱言語」の選抜である。気づかれないまま、ことば不信をふくんでいる方法があらわれた。それが選挙である。

ことばではなく、数によって優劣が決まる。民主社会ではこれがもっとも進んだ選抜方法であることが公認されている。

ギリシャ型にしろ中国型にせよ、ことばによる選抜という点は共通しているが、選挙は数の原理で優劣を決する。どんな人物であろうと、最大得票の者が勝者である。とにかく数がものを言う。ことば以上にものを言うのを、人は不思議とも思わない。

ことばは古くなって、疲れて、弱くなり、数が力をもつようになったのは、人間の歴史に、もともとあった多数決の原理が肥大したからかもしれない。

われわれは、あらためて、ことばの力に思いを寄せる必要があるのではないか。

書かれたものにはウソがある

本を多く読んでいると、文章が本当のことを正しく表現しているような錯覚をもつようになるらしい。

文章を信用する。反面、そのもとになっていることば、気持ちなどは、文章より低いもののように感じられる。

つまり、文章を過信と思わず信用する。

これは、文章がある種の加工であることを無視することで、現実的でない。

実際を伝えることばを考えてみても、目撃者などの話すところとそれを伝える文章とでは、大きな相違がある。

話すことばのかなり多くの部分がすてられて、文章になるのである。座談会でしゃべったことがゲラになってみると、いかにも不本意なところが多い。これではいけない。こういうようにしなくてはと、校正というより加筆をする。

話と文字が大きくズレている証拠である。

ただ、文章が不充分なだけではない。速記・録音などを文字化したものに、編集者がかなり大きな変更を加えていることがありうる。実際には、途中でしゃべったことが、終わりのほうへ移されている、などということもおこる。元の話を尊重するならば、こういう編集や、校正時の本文修正は〝加工〟である。〝翻訳〟であると考えてもよい。

いくらかのウソが存在することになる。

活字信仰、印刷尊重の考えは、それをあえて伏せて、「文章第一主義」を確立した。

読者は、活字になった文章を完結したものと信じる。そういう考えに馴らされていて、それを考えることもなく文章を信用する。

文章は、話すことばの要約、圧縮である。

かなり自由な翻訳であることを、われわれは教えられることもなく、活字、文章を信用している。文章から元のことがらへ到達できるようにも思い込んでいる。

いかに忠実でも、翻訳は翻訳である。完全な翻訳というものが考えられても、実際には存在しないように、対象を過不足なく忠実に表現している文章は存在し得ない。

日記は、人に見せるものではない。文章を飾ったりする必要もないから、あったことをありのままに書き記すことができるはずである。

ところが、日記をつけていると、文章の勢いにつられて、より大きく、より劇的に、事実と異なることを書いてしまうことがないとはいえない。

文章は話しことばよりずっときびしい制約をもっているから、実際をあるがままに伝えることは、話しことば以上に大きな異物の介入するおそれがある。

つまり、文飾が入って、本体を歪めるともなく歪めるのである。

人間は、決して、ものごとをあるがままに表現することはできない。思ったことをそのまま表現することもできない。

はじめに、話すことばに〝翻訳〟して、話にする。その話に、さらに、文章化の翻訳を加えて、文章が生まれる。

文章は元の思い、考え、ことがらに二重の翻訳を加えたものであることになる。

文章第一主義によれば、元のことから話されることばを止揚して、文章を借用することになるが、そこに含まれる一種のウソに目をつむるのは問題である。

歴史というものは大部分が文章によってつくられている以上、文章の虚偽性を容認すれば、歴史が過去を再現できるというのは、文字、文章、記録というものに関しての過信、誤解を度外視したことになる。

失われた過去は、決して再現できない。どんなに良心的な記録も、過去をあるがままに伝えることはできないからである。かならず、後人の加工、修正、翻訳が加わっている。そう考えるのが妥当であるように思われる。

文章のかかえる必然的な虚偽、ウソを認めると、われわれは、広い意味でのフィクションにつつまれていることを認めなくてはならなくなる。文章を書くのがむずかしいのは、その問題を自分なりに乗りこえなくてはならないからである。

文章を書くというのは、そういう意味でもっとも個性的な活動であるということになるが、それだからといって、話すことより高い価値があるかどうか、じっくり考えてみなくてはならない。

録音、映像などの再生技術が発達した現代において、こういう認識上の〝翻訳〟が、新しい角度から見直されてよいように思われる。

文章を書くのがむずかしいのは充分に知られているように思われるが、そのなかにある〝創造〟的側面は、これからの考究にまつところが大きい。
「思ったことを思ったように書く」は、決して古くならない命題である。

第4章

日本語の問題

ことばの距離感覚

生まれてすぐ、こどもはことばを教わる。教える大人に、教えるという自覚のあることは少ない。ただ、話しかけるだけである。

こどもはそれを拾って、ことばを覚えるのだが、はじめのうちは混沌としていて、なにがなんだかわからない。受け身でことばを覚える。

やがて、こどもが発声、発話するようになる。たいてい、相手がいる。ひとりごとを言うこともあるだろうが、相手に話しかけることで、言語活動がはじまる。

ことばを発する主体は、第一人称の〝私〟であるが、幼い子にはその自覚のないのが普通である（日本語は、この第一人称の自覚が弱いのが特色なのかもしれない。成人になっても、第一人称を用いないで、ものを言い、文章を書くことができる）。

第一人称に対して、〝あなた〟という第二人称は早くから意識される。目の前にいるのが第二人称の相手だからで、これが存在しなければ、コミュニケーションが成立しない。ことばは存在しないことになる。

文字になっても、まず、読むことからはじまる。読むのは自分であるが、自意識をもたずにことばを読むことは充分可能である。第一人称は不在でも、読みは可能なのである。

ところが、書くとなると、相手が必要になる。これは、話すことばの場合と同じである。

第一人称意識はなくても、だれに向かって書くのかという第二人称をたしかめないで文章を書くのは困難である。

初等教育の作文において、思ったことを思ったように自由に書け、などという指導は、きわめて困難なことを要求していることになるのである。

はっきり第二人称を示し、それに向かって書くのが現実的であるが、文章の第二人称は話すことばの第二人称と違って、〝見えていない〟。その点で、第三人称の〝彼・彼女〟に近く、第二・五人称とでもいったらよいかもしれない。

そういう微妙な相手に向かって文を綴ることは、きわめてむずかしい知的作業になる。よほどの練習を要するが、これまでの教育ではほとんど配慮されなかった。

話すことばのほうが思いをよりよく表現できるはずであるが、ときに強すぎることがある。だから、ことばを控えたり、あいまいにしたりする社交の原理がはたらく。それによって話すことばの力が殺《そ》がれるのである。

かつて、平田禿木《とくぼく》という英文学者がいた。雑誌の編集者などが訪ねて、執筆の依頼をする。たいていは快諾する。

ところが、その編集者がよそを廻って帰ってみると、さっき会った禿木からの速達便が届いている。見ると、「先ほどのお話、再考いたしましたところ、お引き受けいたしかねます、何卒おゆるしいただきたく……」といった文面だったという。

そういうことが、何度もあったのであろう。広く人の知るところとなった。禿木ははじめから断りたかったのである。目の前にいる相手に、ノーと言うのがはばかられる。せっかくやってきた相手に遠慮がある。とりあえず、承知したことにして帰そう。

そういうことで、色よい返事をする。相手はそんなこととは知らないから、ついさっきのイエスが、ノーに化けたことにおどろく。

禿木にしてみれば、目の前の編集者は、はっきり第二人称の存在である。第二人称に対しては本当のことが言いにくい。ことばの感覚のするどい人はそう感じる。ことばを和らげ、ことばを飾る。つまり、社交の原理がはたらくのである。

そのため、心にもないことばを発することになる。

客として相対していた編集者は第二人称である。それなりの遠慮があって、思ったことをそのまま伝えることができにくい。帰ってしまった編集者は、違う。相手ではなく、遠く離れた存在になる。第三人称ではないが、それに近い第二・五人称くらいに感じられる。第二人称だったときには言えなかったことが、第二・五人称の存在になれば、言いやすいのである。

昭和天皇に仕えた入江相政《すけまさ》侍従長は人生の達人であったらしい。人間心理の機微を心得ていたようである。

あるところで、人からの依頼を断るには、候文の書簡がよいと述べている。直接、面と向かってはとても断れないようなことでも、手紙にすれば、ずっと自由になる。とりわけ伝統的で非日常的な候文の書簡にすれば、自由にものが言いやすいし、相手に与える打撃も和らぐ。そういう配慮がうかがわれる。豊かな経験に裏づけられた知恵であるといってよい。

不自由に見える候文が永く広くおこなわれてきたのは、日本人のやさしさのためであったと思われる。

私は、中学校（旧制）の五年間を校内にあった寄宿舎ですごした。家庭から離れて生活するのはこどもにとっても気苦労が多いが、自分と同じような人間がいるということを肌で感じることができて、苦労の少ない通学生より経験をふくらませることができた。

なかでも、親との距離を感じたことが大きい。

いっしょに暮らしていればうるさいと思うところだが、離れていると、なんとなく心引かれるのである。おもしろくなくて、むしろ喜んで家庭から離れ寄宿舎の生活に入っただけに、離れて思う親の味は複雑微妙である。

毎週のように、父から手紙がくる。書くこともないのに、封書であることが多い。

手紙もはがきも、候文であり、宛名には「殿」である。わが子に殿をつけた手紙を書く大人の気持ちは、こどもには理解を超えるものであったが、馴れれば、なんとも言えない、さわやかな気持ちが伝わるようになる。

手紙の終わりは、いつも、「学業、勉強専一のほど願いおり候」といった文句で締めくくられていた。

「勉強しなさい」などと言われたら、うるさいと思っただろうが、「学業、勉強専一のほど願いおり候」とヴェールをかけた表現だと、素直に心に入るのである。一人前の扱いをされているようで、悪い気はしない。

向き合いたくない

〝我と汝〟がはっきりしている言語では、相手は目の前に対峙している。相手を直視する。目をそらすのはよくないのである。

日本語のように我と汝をはっきりさせないことばでは、相手と向き合うことは、できれば避けたい。

並んで同じ方向を向く。〝おたがい〟〝みんな〟という意識で生きている。対面しても、相手を直視するのは失礼なように感じて、すこし目を遊ばせるのである。やましいことがあって、目をそらすのとは違う。対立するのを嫌うのである。

こういう言語で、第一人称、第二人称のことばが成立しないのは当然である。できればつかいたくないのが第一人称、第二人称である。

つかわなくてはならない場合でも、なるべく正面衝突はさけたい。ことばのうえで敬遠するのが礼儀となる。敬語が発達し、間接的、婉曲、多義的表現が好まれ、そういう語法が発達する。

それを認めないヨーロッパ語の影響を受ける度合いが強くなるにつれて、日本語はいくらか混乱しないわけにはいかなかった。

第一人称の語法を確立したいという社会心理がはたらいても、しっかりしたことばを定めるには至らない。

〝私〟〝わたくし〟は、すこし長い。〝僕〟は女性にはつかえない。〝あたし〟は男がつかうのはおかしい。

〝僕〟は、はじめは目上の人にはつかわないことばであった。いまでも改まったところで、〝僕〟をつかうのはよろしくないとされるだろう。

第二人称はもっと厄介である。英語の〝you〟のように、一音節のことばがあればいいのに、と思う人もいる。

もともと日本語では、相手をじかに呼ぶのは無礼である。その昔、下々の者が貴人に直接口をきくことは〝直話〟といって許されなかった。

そばに控える三太夫（執事）などに向かって、「恐れながら申し上げます」という、一種の間接話法をとるのがゆかしいとされていた。

その心理は、文明開化の時代を経ても、ほとんど消えてはいない。それゆえ、目の前の相手を呼ぶことばがない。無理をすれば、おかしなことになる。〝あなた〟というのは、もともとは尊敬の心がこもっていたが、いまは平俗化し、目上の人に用いては礼を失する。〝きみ〟はもっとつかいにくい。

学校のこどもは、教師を呼ぶのに〝先生〟をつかう。教師は自分のことを呼ぶことばがないから、〝先生〟を第一人称にしておかしいと思わない。

仲間を呼ぶ第二人称に困った政治家が、相手かまわず「先生」と言う風俗を広めたのはおもしろいが、相手を敬遠しているという自覚はないようである。そういう政治家が、議論をたたかわせるということは考えにくい。ことばではなく、カネがものを言う政治になるのは是非もないか。

相手のはっきりしない日本語、日本人にとって、電話は新しい問題を投げかけた。

電話の相手は遠くにいる。かつてなら、直接、口をきくことのない存在である。声はそのまま伝わるが、姿も顔も見えないのはそれまでは考えにくい新しい相手である。

当然、それにふさわしいことばが求められるところだが、そんなことを考えるヒマ人はいないから、いろいろなことがおこる。

そのひとつが、ケンカである。親しい仲間が、電話しているうちにケンカをはじめるということが少なくない。会ったときにはなにごともおこらないのに、長電話でケンカになる。

たがいに相手が見えていないため、自制がゆるむのかもしれない。婉曲な言い方ではなく、ズバリ本音を出すことがあるのかもしれない。遠慮のないことばは、相手からも遠慮の少ないことばを引き出して、火花が散るということになる。

電話における第一人称、第二人称は、対面しているときのことばと違ったものでなくてはならないということを、われわれはまだよく理解していないようである。電話によるトラブルは、一般に注意されている以上に多いと考えられる。

いやでも目につくトラブルが、オレオレ詐欺、振り込め詐欺である。十年余になるのに、被害は増える傾向にある。どうしたことか。

つまり、電話のことばに馴れていないからである。

しっかり聴きとることができない。相手を確認するのが甘い。だまされやすいようになっているのだから、悪い人間がこれを食いものにして、カネをまき上げる。

いくら離れて暮らしているからといって、孫なら、何度か会っているはずだ。まるで違っているのを、本物ととり違えてしまうのは、相手の見きわめが不充分であることをあらわしている。

息子だとか孫だとかいっても、しっかり相手をとらえていないのである。なんとなく遠くに感じているうえに、実際にも、遠く別居している。どこか淋しいという気持ちがあるのかもしれない。もっと身近にいてくれたら、という思いもうごめいているかもしれない。

そこへ、「助けて！」という電話である。やれ、うれしや、という気持ちが先に立つ。おかしなところは聴き流して、相手の言うがままになる。

金銭的な被害は受けても、だまされたことを恨むことはさほどではないのかもしれない。念を入れて、二度もやられるケースが少なくないのも、偶然ではなかろう。

相手を見すえる。相手とことばを交わすことで、自分を確立する必要がある時代、社会になりつつある。新しいことばの力を身につける必要がある。

悪魔のことば

日本語を研究しているというイギリス人が、
「日本には、方言の数だけの文法がある」
と言ってあきれたという。それを聞いてハラを立てる日本人もなかったのは、日本人が文法をよく知らないからである。

英語の文法については、「スクール・グラマー（学校文法）」という学習者向けの文法によって、いくらかの知識を身につけられるけれども、日本語の文法についてはその程度の知識もない。

学校で教える国文法は、古典、文語文法で、口語の文法はほとんど教わらない。

現代日本語の口語文法はない、といってよい。文化国家として、すこしばかり恥ずかしいことである。

日本人は、母国語などダメ、外国語で勝負するのだという考えをもった人間を育ててきた、といわれても返すことばもないだろう。

大学を出た人の英語力などお話にならないが、それでも日本語の知識よりマシかもしれない。

どうも日本人は、日本語が好きでないらしいフシがある。名誉なことではない。

もう何十年も前のことになるが、アメリカの有力誌『タイム』が、日本文化大特集の号を出したことがある。もちろん日本語を論じた記事もあり、題していわく「悪魔のことば」。

それを読んだ日本人がどれくらいいたかわからないが、日本でもっともよく読まれていた雑誌である。かなり多くの日本人に読まれたはずである。

私もそのひとりだが、ひどくハラを立てた。ロクに読めもしない外国語のことを、ボロクソにこきおろすのは知識人のしないことである。

それを見たら、日本人としては反発しなくてはいけない。ところが日本人はおとなしく、おだやかでありすぎる。だれもなんとも言わなかった。

たまりかねて、私は折にふれて反論を書いたが、同調する人はまったくない。日本語が嫌いだからだと考えざるを得ない。

『タイム』が、日本語を悪魔のことばだときめつけた根拠の最大なものは、第一人称の代名詞である。

欧米のことばでは、第一人称単数は、ひとつに決まっている。英語なら〝I（アイ）〟。ところが、日本語には、〝私〟〝わたくし〟〝僕〟〝俺〟〝わし〟〝わが輩〟などいろいろある。なぜひとつにしないのか、気が知れない、と『タイム』の記事はいうのである。

「さらにおかしいのは……」と『タイム』の攻撃はつづいて、これほどたくさんの一人称代名詞があるくせに、まったく用いないでセンテンスをつくることができる、とあきれている。

『タイム』は知的に高い水準を誇る雑誌である。記者、執筆者は、それなりの教養があるに違いないが、こと日本語に関してはひどい無知ぶりを露呈した。

日本語の知識が不足しているのである。日本の研究者が外国人の理解できる文法、語法を考えないからである。

「悪魔のことば」というタイトルだって、アメリカ人の発明ではない。四百年前のスペインの宣教師のつくったものである。

日本へ布教でやってきたカトリックの神父たちが、日本語のわかりにくさにホトホト手を焼いて、ハラ立ちまぎれに、「日本のことばは、神のつくり給うたものではない。悪魔のことばである」とローマ法王庁に報告した。それを『タイム』が借用したというわけである。

『タイム』の暴言はひとまずおくとして、なぜ、日本語に第一人称がいくつもあり、それを用いないで文をつくることができるのかということに関して、しっかり考えた日本人がこれまであっただろうか。

「象は鼻が長い」という大問題

大正時代から、

「象は鼻が長い」

という文が問題にされてきた。この文には「象は」と「鼻が」と主語が二つあるように見える。二重主語だといわれたのである。だが、国語の専門家にも手が出なかった。

戦後になって、専門外の数学の教師だった三上章によって問題は解決とされ、結果は『象は鼻が長い』という本になった。

「象は」の「は」は主語でなく主題を示すもの、とされた。この「は」は、

「ぼくはウナギだ」の「は」と同じで、主題を示すもので、主語ではないと考えれば解決する。英文法の知識があると、「は」とあれば主語と考えやすい。

三上の本は、日本の国語の専門家からは無視されていたが、ソ連の学者が注目し、評判になったらしい。ソ連から注文を受けて、日本のほうがむしろ面食らった。タイトルからして児童書ではないか、と探したというエピソードがある。それくらい無視されていたのである。

ソ連の学者がどうしてこの本の存在を知ったのかわからないが、日本人より早くその価値を知ったのは、ロシア人の知性のするどさを裏づけるものである。第一人称については、まだ、「象は鼻が長い」に当たるものがあらわれていない。

日本語にもヨーロッパ語と同じような文法がある、という考えそのものも疑問であるかもしれない。

明治初年、日本語には文法はなかったといってよい。それを見てイギリス人などが、日本語文法をこしらえたのである。当然、ヨーロッパ語文法の枠組みを採用した。

外国人にはわかりやすいものになったはずであるが、かなり無理をしているから、日本語文法によって、日本語の失ったものは小さくなかったはずである。文明開化の時代、それを言挙げするのは困難であった。わかっていても言うのがはばかられる。

口語文法のない日本語は泣いている。ことばならやはり文法がほしい。文法は書いた文字、文章のルールである。しかし、〝話し〟ことばについてのルールを〝文〟法の中に入れることが妥当であるかどうか。話しことばのルールは文章のルールとは違うのではないか。そういう素朴な疑問をいだく人は、少なくとも専門家にはいなかった。

そもそも口語文法というのが、理屈から言ってもおかしい。これは英語などでも未解決の問題である。文語の文法に対して、口語の話法が欠けているのは、世界的に見ても大きな問題である。

背景に、文字、文章を、話すことばより高級で価値のあるものと考える、グーテンベルクの印刷革命の尻尾が残っている証拠で、これからはそれをのりこえないといけないように思われる。

彼女

日本語の文法では、人称のカテゴリーは不要かもしれない。ヨーロッパ語の文法は、〝我と汝〟――第一人称と第二人称を基軸にしている。対立であり、ときに敵対であって、かなり物騒である。

東海の君子国、日本は、そういう関係はいち早く脱却して、「和をもって貴しとなす」社会をつくり上げたのである。ことばがそれを反映するのは当たり前のことであろう。

日本語には〝我と汝〟に相当することばはなく、〝われら〟〝おたがい〟〝私たち〟といった複数の形で第一人称に当たるものを表した。〝てまえ〟とは言わずに〝てまえども〟と言う。

単数が好まれないのは、個性が弱いからではなく、相手への当たりを和らげる心理がはたらいているからである。

英文法などでいう第三人称の単数（he, she）は、もともと日本語では出番がなかった。

昭和のはじめごろ、中学校で英語を学ぶこどもたちが、第三人称女性の〝she〟の訳が〝彼女〟であると教わったとき、教室中が失笑につつまれた。〝彼《か》の女〟など、教室で聴くべきことばでなかった。日本語ではあったが、俗語で、恋人やとくに親しい女友だちのことだったのである。教室で聴くと不潔に感じられた。

日本語では、男性には、第三人称単数女性代名詞はほとんど必要なかったのである。生活のなかで話題になることが少なかったからである。それに当たる日本語がなかったのは当然で、新しいことばをつくるほかなかった。

それが〝彼女〟である。英語文法によってできた新語である。いまなお、あまりすわりがよくないのは是非もない。

英語だと、どんな相手に対しても、自分のことは〝I（アイ）〟と言う。大統領といえども、とくべつな第一人称を用いることはない。ことばがないのである。

日本語ではそういう失礼なことはしない。ずっと目上の人に対しては、第一人称を出さないのが自然で、ていねいだった。

友人関係なら、いまは〝僕〟〝私〟が普通であるが、つかわないほうが落着くと感じる人がなお少なくない。「私が、私が」とあまり第一人称をふりまわすのは、英語でも嫌われるが、日本人には聞き苦しいと感じられる。

新婚の家庭などで、相手を呼ぶのに〝ユー〟をつかうことが、ひところ一部で流行したが、いつとはなく少なくなったようだ。

それに代わることばが出ているかどうかわからないが、家庭内の人称代名詞はデリケートである。日本語だからこそで、外国ではそもそも問題にもならないだろう。

こどもができると親になるわけだが、わが子に対して、〝僕〟〝俺〟〝私〟はおかしい。

それで、自分のことを〝お父さん〟と言う奇想天外のことばづかいが発明された。

〝お父さん〟は、こどもが言うのならすこしもおかしくない第二人称であるが、父親が第一人称として相手の第二人称を借用するところが斬新である。

日本人の心理は、相手と対立したくない、いっしょでありたいという気持ちを含んでなかなか微妙である。

同じようなことが学校にもある。先述したように、こどもに対して、教師が自分のことを〝先生〟と言うのである。

先生、と呼ぶのはこどもである。その呼びかけのことばを取り上げて、〝僕〟〝私〟の代わりにするのである。

馴れてしまえば何でもない。教師、こどもともどもに、〝先生〟とやっていれば平和である。民主的になったせいか、自分のことを〝先生〟と呼ぶ先生は少なくなってきた。かなりの変化である。

生徒が生意気になって、教師のことを〝ゼン公〟などと言うようになる。そうなると、教師も自称の〝先生〟はつかえなくなる。

大学の教師が自分のことを〝先生〟などと言ったらコトである。大学の教師は第一人称のつかい方に苦労する。

ある大学教授、全国学会の会長に選ばれて、総会で就任のあいさつをした。短いスピーチのあいだに、「会長」ということばが十九回も出たというので、会員の信望を失った。

公人はとりわけ第一人称のつかい方に留意しなければいけない、ということを、専門の本ばかり読んでいる教授は知らなかったのである。

自分のことを言うのに、〝長〟がついているのはまずいのである。

相手にどこか威張っているような感じを与える。それに気づかないのは言語的に鈍感なのである。

企業ではことばが乱れがちだから、自分のことを「課長、課長」と言う人がいても、気を悪くする部下はいないかもしれないが、部長くらいになると、〝長〟が気になるかもしれない。部長を口にする人は、課長を自称する人ほど多くない。

日本語でいちばん無難なのは、人称代名詞を、第一、第二ともつかわないことである。それでもやってこられたのである。

外国語が入ってきて、うるさいことになった。だいたい外国人のために日本語があるのではないから、よけいなことをいわれるのは迷惑である。

よくわからないからといって「悪魔のことば」などというのは不遜である。日本はかつて、「言霊の幸ふ国」であったのを知らないのか、と言ってやりたいくらいである。

「悪魔のことば」というくらいだから「神のことば」があるのだろう。そのことばは、「我と汝」のことばに近いか、「言わぬが花」のことばに近いかをきいてみたいものである。

敬語への偏見

「私、尊敬もしていない人に敬語をつかうの、いやです」

という文章を見た。女子大学で出している雑誌にのったエッセイである。敬語なんかないほうがいいというのであろう。筆者は、ことばというものを知らないらしい。

好きだから、尊敬しているから敬語をつかうのではない。好き嫌いにかかわりなく目上の人に対しては敬語を用いる、というのが日本語の慣用である。

この筆者は、目上の人を認めたくないのである。人みな平等、上下なし、という考えに無自覚にかぶれているのである。

それで、文法をこわそうとしている。こわしたいのである。

この筆者は、国文科の学生であろうか、

「外国語には、敬語がない、ということを教授から聞きました」

とも書いている。その教授、おそらく国文学の専攻で、語学に弱いのであろう、まちがったことを教えている。

ヨーロッパ言語に文法カテゴリーとしての敬語はないが、しかし敬語的表現がないというのは誤解である。

この教授は、文法を万国共通のものととらえているのかもしれない。各国語に各国文法のあることを知らないのではなく、まるで考えたこともないのである。敬語をおくれたものと考える風潮にひきずられている。

敬語は決しておくれた語法ではない。むしろ、洗練度の高い慣用である、と考えるべきである。

幼いこどもは敬語を知らないし、つかうこともできない。そういうこどもも大きくなって、一人前の社会生活をするようになれば、いやでも常識的な敬語を知らなければ当然の批判を受ける。

戦後、戦争にまけたのは、日本語のせいであるかのような妄言を吐く文学者があらわれたりして、日本語を悪者であるように見る弊風が強まった。そのとばっちりが大学にも及んだのであろう。

「外国にないものが、日本にあってはいけない」というのも、敗戦国・日本の生んだ偏見である。つまり、日本、日本語を大切にする心が多くの人から消えたということである。

敬遠のこころ

いまどきそんなことを言う人はいないが、かつて、ある人がきいた。どうして外国人は握手したり、抱き合ったりするのか。踊るにしても体をすり寄せてダンスをする。すこしいやな感じがする……と、元外交官だったという人に向かって言った。

元外交官は、こんなふうに返した。

民族は、それぞれの風土に合わせて文化をつくっている。ヨーロッパの人たちは、ヨーロッパの風土に合わせて生活文化をこしらえた。

人と会ったら、身体的接触によって連帯をたしかめ合う。手だけでなく、体を合わせればいっそう深い結びつきになる。

そう感じるのは、だいたいにおいて寒冷、乾燥の土地に住む人たちである。触れ合いによって伝わる〝あたたかみ〟は、やさしく快いものである。

日本のような高温多湿なところでは、汗をかく。汗は気持ちがよくない。人の汗はなおさら、うとましい。

あいさつにしても、相手に触れることははばかられる。おたがいに迷惑である。

離れてことばを交わすのが好ましく、べとべとした皮膚は気持ちがよくないことから、くっつきすぎるのはうとましい。さらりとさわやかな、身体的な触れ合いのない触れ合いが、おくゆかしいという感覚が、自然に発達する。

握手、抱擁がおこなわれないのは、ひとつにはこういう風土の問題がからんでいるのであろう――。

なかなかおもしろい意見で、さすが、と思わせるものがある。

ことばについても、似たことがいえるかもしれない。

移動の多い社会では、まわりはすべて遠い存在。それと交わるには、接近して触れ合う必要があろう。

我に対して、目の前に汝がいる。第一人称と第二人称は対峙する。それをうるさいとも、うっとうしいとも感じない。コミュニケーションは快いものだとなる。

近づくことはよいことで、触れ合いは必要であると感じ、ことばを交わすのである。

他方、農耕民族の社会は同じ土地に定住する人口が多く、たがいに近く、気候は暖かく熱していることが普通である。

たがいに、より接近しようなどという気持ちのおこる余地が小さい。できれば間合いをとって、さっぱり、さわやかにつき合いたいのである。

第一人称と第二人称がくっついているのはむしろ、うとましい。我と汝というような野暮な関係は論外である。そう感ずる人が多いかもしれない。

我もなし、汝もなし、というのが平和であると感じる。手っ取り早くいえば、第一人称、第二人称というカテゴリーをすてるのである。すてる前になくなっている。

第一人称をつかわず、第二人称も出さずに、なるべく、当たりさわりのないようなことばを交わすのが、生活の知恵となる。

第一人称と第二人称はくっついてはいけない。離れているべきだという感覚は、それにふさわしいことばの形をつくり上げる。

まず、第一人称を消すのがていねいな言い方になる。消すに消されないケースは、なるべく自らを低め、遠慮して小さくなるのが美しいと感じられる。そうして謙譲語という語法が発達する。

謙譲語が敬語になるのは日本語のおもしろいところである。欧米語ではほとんど問題になっていないが、日本語では敬語の一角を占める重要な措辞である。

日本語のことをよく知らない人は、謙譲語が敬語になることを理解するのに苦労する。

相手を立てるには、自分を低めるのが有効であるというのは、自然におこることであるが、相手を立てるには、相手を遠ざける必要があるという洞察は、かなり洗練された言語感覚である。

この点で、日本語は、諸外国語をはるかに凌駕しているように思われる。目の前にいる人間を、〝あなた（彼方）〟と呼ぶ。「向こうのほうにいる方」という含みである。相手の第三人称化が敬意、尊敬をあらわす、ということばの感覚がないと生まれない。

〝きみ（君）〟というのは仲間の相手を呼ぶときの代表的なことばであるが、もとは、主君、最上を指すことばである。それを対等な人間に用いるのは、それで相手との距離が大きくなり、敬意をあらわすようになるのである。

心理的には敬遠であるが、それが尊敬のこころを含むところに、日本語のこころがある。

とにかく、相手に近づくのはよくない、失礼になる。

英語なら〝ミスター〟とやるところを日本語では、〝様〟〝殿〟などとする。

「△△様」というのは直接、△△を指しているのではなく、「△△の様な方」と間接的に表現している。「△△殿」というのは、「△△の住んでいる建物、りっぱな建物」ということによって、間接的に相手を指すのである。

直接呼びかける失礼をさけるために、名前の下に〝様〟をつけたり〝先生〟をつけたりして、第三人称的にあつかうのが、「礼」である。形式である。

気に入らない教師だからといって、呼びすてにすれば人間が疑われる。

尊敬しない人に敬語をつかわない、などというのは未開な人間のすることである。

「○○様」だけで尊敬の距離が充分でないと考えると、〝侍史〟などを添える。侍史は、身分の高い人のそばにいる書記のような人物で、その人に取り次いでもらいたいというこころをこめて、手紙の宛名の左下に書く。

直接名指しで呼びかけるのははばかられる、という気持ちで「○○様机下」とすることもかつては普通であった。

本人直接ははばかられるが、それだけではなく、その人の机に呼びかけるのも、なお、はばかられる。尊敬の形をととのえるため、〝机の下〟に差し出すというこころである。

相手との心理的距離を大きくとることが、相手を立てることになる。いくら敬意をこめても、呼びかけ、呼びすてでは、こころは通じにくい。敬語はいかにも相手を立てているように見えるけれども、その実、自己防御の心理のはたらくことも少なくない。

「我と汝」のように対立すれば、相手が攻撃的になるおそれがある。〝敬して遠ざけて〟おけば、その危険はとりあえず回避できる。

そういう下心はいやしいが、敬語をつかう人のこころの隅に、そういう動機があってもおかしくない。そういう社会的心理の発達しないところでは、敬語など発達するわけがない。

きらわれる命令形

敬語の発達した社会では、原則、命令形の動詞はつかわれない。文法としては、外国文法にのっとって、動詞の命令形を示しているが、実際にはほとんど用いられない。

どんなに工夫しても、命令の攻撃的ニュアンスをとりのぞくことはむずかしい。ことに話しことばでは、命令形はきわめて乱暴にひびく。

かつて警視庁は、

「この処、塵芥《じんかい》すてるべからず」

という標札を立てた。威張っているという声が広まって、そのかたわらに、

「ごみをすててはいけません」

とルビ（ふりがな）をふった。

世間はこれを警視庁読み、としてからかったが、なかなかの工夫だったのである。

正直にいけば、

「ここへごみをすてるな」

であるが、いかに警察といえども命令形はないだろう、というので、〝べからず〟にした。これも強すぎるというので、〝いけません〟とした。

もう一歩進めば、

「ここへごみをすてないでください」

となるが、そこまで民主的になることはできなかったのだろう。

戦後、日本語はずいぶん荒っぽくなったが、命令形を遠慮するところはすこしも変わらなかった。

「殺さば殺せ」

などというのは歌の中だけ。

「殺すなら殺してください」

となる。

この〝ください〟が多く用いられるようになった。車内アナウンスなどでも、

「携帯電話は使用しないでください」

などと言う。すこし気がひけるからか、

「ご協力をお願いします」

とここで命令形を外す。

〝ください〟はもともと動詞「くださる」の命令形「くだされ」が変化したものである。そのため、命令形だったことが意識されなくなってしまったのである。

しきりに、「ください」「ください」と言っているが、失礼になるという意識

は欠如している。

「……してくれ」

というのは正直な命令形だから、特別な場合でないとつかえない。それで、

「……してください」

というソフトな形が、広くつかわれるようになった。

かつて、中流家庭で、主婦がお手伝いさんに命令するときの口調である、というので、「ください」を嫌い、むしろ正直に「命令形を出せ」という知識人もいた。

そういう人は、学校の試験問題に、

「次の問いに答えてください」

というのは誤り（？）だと主張する。むしろ、

「答えよ」

としたほうがよい、という。試験は社交的な場でないから、命令形が正しいというのだが、世間一般はこれに賛成しない。命令形を出せば出せる学校なども、

「〇〇日までに提出せよ」

などとしては生徒が刺激されるというので、

「○○日までに提出のこと」

という〝かくれ命令形〟を考えたが、これも落ち着かず、

「○○日までに提出してください」

とくだけた。これがいちおう標準的になっているものの、さらに進んで、

「○○日までに提出しましょう」

というのがあり、ときには、

「提出してみませんか」

というのもあるという。マサカ。

敬遠するこころは、命令形をきらうから第二人称もつかいたくない。第二人称を控えれば、第一人称も出る幕が少なくなる。それが野暮から見ると、「悪魔のことば」のように見えても是非もないか。

第5章

知的な「聴く話す」

ことばの西高東低

話すことばのことを考えていて、おかしなことが気になり出した。

かつてＮＨＫの放送用語委員というのを二十年くらいしていた。学校の教師では知ることのできないことをいろいろ知って、おもしろかった。

そのひとつに、関西の視聴者の多くが東京のことばにそっぽを向いている、ということがあった。

なんとなく、ＮＨＫは全国放送で、どこでも同じように受け入れられているものと考えていたが、ＮＨＫの夜七時のニュースが、関西では人気がない。民放にまける。視聴率がほかの局に及ばないという。

その理由ははっきりしないが、どうも、NHKの全国放送のことばに問題があるらしいという話であった。

関西の人にいわせると、NHKのことばは、どこか冷たくて、やわらかさに欠ける、と感じられるらしい。

地元の放送局のことばはぐっとくだけて、当たりもやわらかく、おもしろ味がある。東京のことばとは比べものにならない。そんなふうに感じる京阪神の人たちは、民放を見てしまう、というのである。

NHKがどう考えているのかわからなかったが、私はこれをきっかけに、日本語には東のことばに対して西のことばがあり、西高東低、関西のことばのほうがすぐれているのではないか、と考えるようになった。

東京のことばといっても、明治以降にできたもので、江戸時代の名残はほとんどとどめていない。

それにひきかえ、関西のことばは千年、少なくとも数百年の年輪をかさねている。東のことばに比べると、洗練度が違うのである。

政治の中心が東京へ移り、一般には文化の中心も東京にあるように考えられているかもしれないが、伝統を知らない人間の考えである。

緑ふかき農村から出てきた人の寄り合い社会である東京は、代々、同じ土地に住み、ひろい意味での伝統に生きる関西の人たちの生活に及ぶべくもない。

ことばではないが、食べものにしても、西高東低である。

うまいものは上方のものが多い。高級料亭は、上方に本拠をもっていることが多い。

関西の人は、東京の食べものは塩辛くて閉口だといい、辛いものより、うま味のあるものを好む。東京の人間はそうは考えないで、塩辛いものでないと承知しないところがある。

近年、洋風の食べものが多くなり、この甘辛問題も揺れているが、関西の味覚が関東にまさる点は変わっていない。それを認めようとしないのは、いわば形式主義、権威主義に支配されているからであろう。

私はまた、小中学生の作文コンクールの類いの審査員をした経験がある。前後、十年くらいはその仕事をした。

以前のことだから、いまもそうであるかどうかわからないが、かつて経験したことで忘れられないことがある。

何かというと、関西のこどものほうが首都圏、そのまわりの地方のこどもたちより、作文がうまいということである。

もちろん作品は全国各地から寄せられる。審査する側としては、応募者の出身などには目もくれない。

そうして何人かの審査員の評価を集計すると、上位入賞者は関西圏に集中するのである。

たいへんおもしろい結果だが、コンクールを主催するのは全国紙だったりして、こういう地域的偏りは営業上、好ましくない、と考えるのも無理からぬところである。

事務局の希望を汲んで東京、関東を中心に何名かを入賞者に入れるということが、毎年のようにおこなわれた。

そういうことは、小学校低学年においていちじるしい。学校で国語の勉強を重ねて、高学年になると、先のような西高東低はそれほどはっきりしなくなる。低学年の関西の小学生は、生き生きした話しことばで生き生きした文章を書く。その点で、東のほうのこどもは及ばない。

しかし、学校で話すことばは棚上げにして、文章を読ませることだけを教育していると、関西のこどもも関東のこどもと同じように、知識のことばで文章を書くようになって、おもしろくない作文を書くようになる、というわけであろう。

学校のことばの教育は大いに反省しなくてはならないが、そんなことに頭のまわる人は、学校の先生などしていないかもしれない。

ことばの西高東低がいいことか、よくないことか。いま、それを決することのできる人がいないのはたしかである。

小学校高学年で英語を教えはじめた。それを喜んでいる人は多くないが、母国語で聴く話す力が充分でないこどもに、外国語を教えてどうするのか、そういうことかを考える人が少なすぎる。

こどもの頭を混乱させるだけであると知る人はいないかのようで、日本の文化がことばに関していかに底の浅いものであるかを露呈している。

小学校の英語を教えるのは、中学の教師でもできると考えているのであろうか。教師を養成することも考えず、小学校の英語教育がはじまった。後世の笑いものになる。

思考を生むもの

日本経済新聞におもしろい記事がのった。企業の採用者たちによる大学のランキングである（二〇一四年六月十六日付）。

一位　京都大学　二位　神戸大学　三位　大阪市立大学

となっているから目を疑う。

全部、関西、京阪神地区の大学である。第四位が筑波大学で、やっと関東の大学が顔を出す。自他ともに許す日本一の東京大学は、なんと二十五位に沈んでいる。

関西の人が見たら快哉をさけびたくなるランキングで、東京の大学は、面目を失って、さぞおもしろくないだろうと想像した。

わけもわからない人間に、軽々しく意見を述べられることがらではない。しかし、これだけはっきりした西高東低を見せつけられると、理由づけをしたくなるのが人情である。

企業などの人事担当者に、関西優遇の傾向があるのではないか、というのがまず一点である。

口述試験などにおいて、西の大学は東の大学よりもすぐれているのではないか、というのがもうひとつの注目点である。

おそらく面接における対応、印象が、東京や東日本の学生より、西のほうの学生がよいのだろう。話すことばも関西圏のほうが、関東や東日本よりも洗練されているらしいことが暗示される。

そうだとすると、関西のことば、文化は東日本よりも進んでいるのではないかということを示していることになる。

関西のことばが東日本のことばよりすぐれていることを実社会においても認めていることになって、はなはだ興味深い。


学術文化においては、早くから、関西、ことに京都大学の優位が広く認められている。

哲学を志す者は、東京の大学には目もくれず、京都大学へ入ることを目指した。京都には日本を代表する哲学者が何人もいたのである。〝哲学〟などというものも、東京では深く考えにくいのか。

一般文化、学芸において、いわゆる「京都学派」が目ざましい活躍をしたことがある。時あたかも経済は高度成長期に入っていたが、文化学術において京都は目ざましい活動を見せた。

東京の出版社から京都詣でをする社員がいる、というのが一部で話題になった。京都の人の考えること、書くことは、新しくておもしろい、と編集者たちはきめてしまったようである。

なぜだろうか。当の編集者も考えなかったようであるが、ちゃんとした根拠があった。京都には〝言霊〟が〝幸って〟いたのである。

教室や研究室でことばの花が咲いていたのではない。飲み屋のようなところでの風発する談論が、京都学派の源泉であったらしい。

京都の町は学者先生を大事にする風潮があって、物心ともども大学の先生たちを大事にするから、客はくつろぎ、思い思いの談笑に花を咲かせることができる。

文科の人もいれば、理工科の研究者もいる。法経の人もいる。諸学入りまじって雑学、放談をするのである。たがいに思いもかけない刺激を受けるし、発言した人も、これまで考えたこともないようなことが口から飛び出しておどろくことがある。

そういう席がおもしろくないわけがない。

時間があれば自然に足が向く。時間がなければ、つくってでも飲み屋へ行く。

そして耳学問をするのである。

東京の学者、知識人はそうはいかない。とにかく忙しい。本を読み、勉強もしなくてはならない。大学の研究室を出れば、自宅へ直行。書斎に入ってまた勉強である。人とつき合っているヒマはない。

わけもなくいっしょに飲むなどというのは怠け者のすることだ、と思っているのが東の秀才である。会合などがあっても帰りはひとり、さっさと家へ向かう。語らいのたのしさなどというようなことは知らぬかのようである。

したがって、どうしても孤独になる。

孤独から生まれるものは孤独で、人見知りをする。どこかおもしろさに欠けやすい。真に新しいことが生まれにくいようである。

日本人がノーベル賞を受けるようになったのは戦後になってからのことで、湯川秀樹博士が最初で、京都大学出身である。

その後の受賞者も京都大学出身が多く、自然科学系では東京大学を圧倒。口さがない巷間は、東大の不振を努力不足のように言ったが、それは当たっていない。

どうも、ことばに関係がありそうである。

関西のことばでものを考えていると、独創的、斬新な考えが浮かんできやすい。本に書いてある知識は問題解決には役立っても、新しい思考、アイディアを生み出す力に欠けやすい。

耳が弱いと……

近年、日本人、ことに高齢者をなやませていることのひとつは、振り込め詐欺である。お年寄りなどが何百万という大金を、電話でマンマとまき上げられてしまう。

警察も銀行なども防止にやっきになっているが、さっぱり効果がない。ばかりか、むしろふえつづけているところもある。

やられるのは、耳のことばが弱いからである。

おどろくと、とっさの判断ができなくて相手の言うなりになってしまう。

はじめ、この振り込め詐欺は全国的に一様におこっているように考えられていたが、そうでないことがわかってきた。

関西の人はこの詐欺にひっかかりにくいのである。耳がしっかりしているからであろう。

くわしい数字は忘れたが、関西の被害は、首都圏よりはるかに少なくて、十分の一くらいであるというから目ざましい差である。

Aさんは首都圏に住む元保険外交員のベテランである。現役のとき、勧誘に腕をふるい、ある年は業界日本一になって新聞記事になったこともある。本人も話がうまいと自慢していたそうである。

ところが、引退して何年かしてオレオレ詐欺にかかってしまい、大金をかすめとられた。そのとられ方がみごと(?)だったせいかどうかはわからないが、同じ手口でまたやられたという。

何十年も、ことばを使って商売をしてきた人が、どうしてそんなことになるのか。わけはわからないが、どうやら自然な話し合い、おしゃべりではなくて、いつも同じようなセリフを使っていたらしい。

ことばの経験が偏っていたのであろう。偏ったことばでは、ことばに賢くなれない。賢明でなければ、詐欺にひっかかるのは是非もない。

関西の保険勧誘のベテランも、これと同じように振り込め詐欺に、二度もかかるだろうか。

どうやら、耳のことばも西高東低のようである。

生活の知見

現代社会は、ことわざのおもしろさを忘れようとしている。ことわざをなんとなく古くさいように感じるのが知的である、とわけもなく思い込んでいるのである。

戦後間もないころ、有力な学習参考書出版社がことわざの解説書を出した。そのなかに、「情けは人の為ならず」というのを引いて解説したのだが、とんでもない思い違いをした。人に情けをかけると増長させたり、甘えさせたりして、よろしくない、本人のためにならない、としたのである。

さすがに問題になった。学習参考書の利用者にそんな見識のあるわけがない。

教師や保護者がおどろいて、非難がおこった。

だいたい、「情けは人の為ならず」をことわざとして採り上げること自体も問題である。出典は『太平記』とされるが、そういう出典のあることばは、ふつう、ことわざとは見なさない。

それをことわざとして扱うのは、ひとつの見識であるかもしれないが、ことわざに対する無知であるかもしれない。

「情けは人の為ならず」はあまりにも正直すぎて、ことわざらしさが乏しい。おもしろ味に欠ける。

情けをかけるのはいかにもその相手のためのように見えるが、まわりまわって、わが身に還ってくるという意味だが、それでもなお、正直すぎて味がない。ことわざとしては、劣るといわなくてはならない。

すでに、ことわざ離れが進行しはじめていたことを広く知らしめたエピソードであったかもしれない。

戦争になるまで、家庭のこどもはカルタをとった。中流の家庭や親が知識的であると、百人一首のカルタをとった。庶民は、いろはカルタをこどもに与えた。

社会は二分されていた。もちろん、百人一首のほうが高級と考えられた。いろはカルタは生活的で、実際的な教育であったが、庶民はそんなことは考えず、いろはカルタを好んだ。

上品で高級だという百人一首派にしても、年端もいかないこどもに恋歌などを教えてどうするのかについて、はっきり答えることもできないまま、〝教養〟が〝生活〟より文化的であり、知的であると思い込んでいたのである。

百人一首には、作者がある。古典である。いろはカルタの作者は一切、不明。いつできたのかもはっきりしない。

いろはカルタが実はことわざの名句集（アンソロジー）であることを、しっかりとらえていた人はごく限られていた。

一口にいろはカルタといっても、京、江戸、大坂でそれぞれ違ういろはカルタがあったというようなことは知らずに、大学の国文科を卒業することができた。

ことわざ、それにもとづくカルタが生活を反映していることを考えれば、三都三様のカルタが存在したのはまことに実際的である。

そういう考え方をする人間は、学校教育の普及にともなって、減少していたのである。

戦争にまけて、生活に自信を失った人間が、生活否定、知識・観念優先の風潮に足をすくわれたのは、当然といってよかろう。

戦争、敗戦などなくても、ことわざは知識に圧迫されて、衰弱をはじめていたのである。

日本だけでなく世界的現象であるといってよく、公的近代教育のはじまった十九世紀以降、学校は一貫して、ことわざを目の仇にした、というのではなく、ほとんど無視した。

「読む・書く・算術」の能力、いわゆるリテラシーのなかへ、生活に根ざした知識であることわざが立ち入る余地がなかったのは是非もないことである。

ことわざは、生活に即した知見の結晶である。生活を停止しておこなわれる学校教育において、ことわざの出る幕がないのはむしろ当然かもしれない。

教育を受けた人はみな、ことわざをよく知らない。わからないから、バカにする。無学な人間の言うことである、と見下ろす。

ある女性作家がある本の書評をして、「この本にはやたらと、ことわざが出てくる。そのために言っていることが常識的、陳腐になっていて、おもしろくない」などとこきおろしているのを読んで、近代知識人の世迷言であると思ったことがある。

本に書いてないことは低俗である、というのは浅薄な活字信仰である。学校教育が普及するにつれて、その勢力が増大する。

ことわざは、生活の知識を網羅している。

いまの人はことわざを教訓的と見る傾向がつよいが、そんなことはない。自然現象についての法則をも示すものである。

「暑さ寒さも彼岸まで」というのは、気象情報よりもおもしろい。

「夕焼けは晴れ」というのによって動いている漁民は古来、はなはだ多い。

「梅雨明け十日」ということわざは、外れることが少ない。

昔の人は、ことわざによって気象を知ったのである。

「晴れのち曇り、ところによっては雨」などという気象情報は生活的でない。科学的かもしれないが、おもしろくない。


それでも気象については、まだ知識のはたらく部分が大きい。科学が発達するわけである。

人事、生活について、知識のとらえているところは小さい部分に限られる。小さな事象をあらわすことはできるが、複雑なことがらをとらえることはできない。放っておかれることになる。しかし、ことわざは、それを知識化することができる。

ある人が努力、精進によって、大きな身代を築いたとする。それだけでは、おもしろくない。そのあとが気になる。

二代目は、幼いときから父の働く姿を見ている。堅実な生き方をしなくてはならないことは、言われなくてもわかっている。大きなつまずき、失敗を避けることができる。だいいち、まだおやじの目が光っている。

三代目になると事情が違う。生まれたときから御曹子である。ほしいものは、たいてい手に入れることができる。学問をして、それなりの教養も身につける。もっとも欠けているのは失敗、間違いの経験である。信号のないハイウェイを飛ばす未熟なドライバーのようになっても、おかしくない。

ブレーキのかけ方を知らないが、いつまでもフルスピードで飛ばせるハイウェイはない。要注意の点に突き進めば、ただごとではすまない。クルマは大破、一身も危い。

そういったストーリーをこまかく書けば、長い話になる。生活はそういうのんきなことを嫌う。端的に、それを伝えることばを求める。それに応えて、「売り家と唐様《からよう》で書く三代目」ということわざが生まれる。

比喩的表現で、長いストーリーを一口の命題に要約する。生活と経験がないと、この比喩を解することができないかもしれないが、心ある者には、なんとも言えない味わいを伝えることができる。その心はこういうことである。

先代が努力して築いた家産も、三代目になると遊び暮らして使い果たし、しまいには家まで売りに出すことに。売り家の札はしゃれた唐様の書体で書いてあって、教養がしのばれるという皮肉である。

たとえ、比喩はことわざのもっとも重要な手法で、ことわざのおもしろさ、あたたか味はその表現の仕方によるところが少なくない。いくらか文学的であるといってもよい。

「犬も歩けば棒に当たる」はいろはカルタ（江戸系）冒頭の句である。（ちなみに、京系は「一寸先は闇」または「石の上にも三年」、大坂系は「一を聞いて十を知る」）

「犬も歩けば棒に当たる」は、もとは何かをしようとして、出しゃばったりするとよく災難にあうものだ、の意味であった。

棒に当たる、というのは、たたかれる、ことであった。だんだんそれがわからなくなって、このことわざの意味がおかしくなった。

問題は「当たる」にある。このことばが、クジに当たる、などよい意味に用いられることが多くなり、新しく、〝あてもなく出歩いていると、思わぬ幸運に出会うことがある〟という意味でつかう人があらわれ、ふえた。

はじめは誤りとされたが、そういう意味でつかう人が多くなると、それを誤り、とすることがむずかしくなる。ことばはデモクラティック（民主的）で、多くの人が支持すれば、無視することができない。誤りとされたものが許容され、認知されるようになる。

だからといって、伝統的な意味を消去することもできない。辞書は、二つの相反する意味を併記するようになっている。

生活にもとづいたことば、ことわざが、もともと多義的であることを示した一例である。

ことわざのことばは、一般の知識のことばに比べて、より生活的である。知識を生活より高く評価するところでは、ことわざは力を失っていく。これは世界的傾向といってよい。

いまはどこの国でも、ことわざは知識、教養に圧倒されている。その背景には、それなりの理由がある。

知識は時代とともに古くなるが、生活はそれより速いテンポで古くなる。古い生活にもとづいたことわざは、自然にわかりにくくなる。

生活が変化したら、ことわざも改変されなくてはならない。変えるのではなく、新しい生活にもとづいて新しいことわざが生まれるのが望ましい。

生活軽視の近代は、新しいことわざを創出する力が乏しいといわなくてはならない。

戦後生まれのことわざ・ことわざ風のことばで見るべきものは、はなはだ少ないが、知識人間はそれをまるで問題にしない。

「亭主元気で留守がいい」というのは女性の視点でとらえたCMのことばであるが、ひととき話題になったものの、いつしか忘れられている。

「赤信号みんなで渡れば怖くない」は、おもしろい心理をとらえているが、知識で固まった法律家などからは違法性を批判され、小さな教育にとらわれている教育者からも、悪徳のすすめのようにいわれる。

生活から遊離した知識をありがたがって、生活の知恵をおろそかにしていると、人間の知能はだんだん機械的になって、ことばの力が失われていく。

そういう知識なら、人間は〝知識の巨人〟になろうとしているコンピューターにかなわないのである。

コンピューターと共生していくためにも、生活に根をおろしたことわざは、かけがえのないものである。

あたらしいことわざをつくるのは、自然科学における発見に匹敵する知的業績である、とする認識は、きわめて貴重である。

「聴く話す」「読む書く」

目のことばは、読み中心である。書くのは二の次ではなく、三の次でもない。とにかく書くことも必要である、というくらいの認識である。

書くことに対しては、読み方の何分の一の努力もされない。実際、成人してからも、読書家ではあるが、文章はどうも苦手という人がいくらでもいる。

ことばは、学習指導要領のかかげる、読む、書く、聴く、話すの四技能を内包しているべきものであるが、近代の人間にはとてもそんなことは望めない。四つの技能が、ひとつひとつバラバラに孤立している。

近代社会に生まれた人間は、ことばの活動が分裂、混乱しているということを考えない。別々のことばが並立しているように考えて、疑うことがない。考えてみれば、読む、書く、聴く、話す――この順序自体がおかしいのである。

すでに述べたように、〝はじめのことば〟は、聴くことばである。ついで、話すことを覚える。そして一段落。

学校へ入ると、そんなことは忘れたかのように、文字を読むことだけに没頭する。それまでとはまったく違った頭のつかい方をするから、こどもは戸惑って当たり前。ことばの勉強はさっぱりおもしろくない。いやいや学習するから、なかなか進歩しない。

読むのに苦労していて、聴くことば、話すことばのことはほとんど忘れる。それまでしたこともない文字を書き、文章をつくる、などということは意識にないといってよい。

一部の変わった教師が、作文教育に力を入れてコンクール入賞の生徒を育てるが、少年少女の名文家が、文筆において大をなすのは、むしろ少ない。聴く話すことばと結びついている文章が少ないからであろう。

学校教育を受けているあいだに、ことばについてめいめいの先入観ができ上がる。

第一が読むことば、ついで、書くことば。聴く、話すのは、勉強のなかに入っていない、と思っている。この順序は、自然の序列「聴く、話す、読む、書く」とほぼ逆である。

それをそれとも知らず、教え、学んできたのが近代である。誤っている、ということはできないかもしれないが、自然の発達段階から外れていることは明らかである。


どうしてこれまでそれを正そうとする動きがなかったのか。不可解であるが、ことばを大切にする心が充分でなかった、というほかない。

ことばを四つに分けて、バラバラに習得するのは、専門と分科をよしとする近代において、むしろすぐれた方法であったかもしれない。

そして、一部分に特化した〝小さなことば〟が有力になり、読み中心の文化が発達したというわけである。

それが、文化、人間の発達にとって、必ずしも望ましいことではないという反省が、いまなお、充分ではない。近代社会がとかく活力に欠けるところがあるのも、ひとつには、〝小さなことば〟信仰のためではないかと考えられる。

コンピューターというある程度、ことばの処理のできる機械があらわれて、人間のお株を奪おうとしている現代において、こういう分化した〝小さなことば〟の限界を考えるのは当然のことであると思われる。

コンピューターが、少なくともいまのところ操作できるのは〝小さなことば〟の一部である。その分野では、人間はすでに、コンピューターに負けているのである。

この意味からいっても、これまでの〝小さなことば〟主義を脱却し、全体をバランスよくつかった〝大きなことば〟によって、新しい文化を創出することをいまの人間は求められているように考えられる。

この点から見れば、ラジオ、テレビのことばも、一方的にことばを流すだけで受け手になることができない、やはり〝小さなことば〟のメディアである。それを視聴する側が〝小さなことば〟の世界から出られないのは、致し方ないことである。

やはり、本当の〝大きなことば〟を実現するのは、生活をしている、普通の人間、ということになる。

生活の場では、「聴く、話す、読む、書く」のすべての出番がある。人と交わり、会って、話す。用件がなくても、会っておしゃべりを楽しむ。それが、人間的成長に結びつくのが、成熟した社会である。

これといった実用価値がなくても、新聞を読み、雑誌を読む。さらに遠くにあるものを求めて、本を読む。

昔の人が本しか読むものがなかったのを考えても、現代の人間は、かなり大きなことばに生きているということができる。

便利だからといって、何でも電話、いまならメールですますのは、浅薄である。ゆっくり、手紙、はがきを書くことで、われわれは自らのことばの世界を大きくすることができるのである。

思考力の源

すんでしまったことを書き留めて、何になる。そう言って、日記をつけない人がいるようだが、文字にすることで、過ぎた一日が自分にとっての歴史になると考えたら、日記をつけたくならないだろうか。

かといって、日記をつけて得意になっているのも幼稚である。日記は過去形である。偏っているのである。

それを補修するために、日々、「予定表」というようなものをつくるのが、ひとつの知恵である。

未来形のことばがつかえる。新しい生活、新しい考えもそこから生まれる。

日記は夜つけるが、予定は朝の頭で立てる。朝考えることは発見と創造を秘めていておもしろい。思ったようにいかないことが多いだろうが、それがまた、ある意味をもって、生活を豊かなものにすることができる。

おしゃべりのできるのは、近くにいる人に限られる。自然、ことばも小さくなるが、ときどき遠くにいる知友、縁者に手紙を書くというのがおもしろい。

友人も、遠くにいる友がいい。論語に「朋有リ遠方ヨリ来ル、亦タ楽シカラズヤ」とあるが、遠い友がわれわれの人生を大きくしてくれることをいまの人間は知らないかもしれない。

電話では伝えられないことが手紙で伝えられることを知るのは、〝大きなことば〟の入り口である。

ことばの力を信じる人は、〝聴く話す〟ことばのかかえる考えが、〝読む書く〟ことばの思考とはかなり大きく異なっていることに気づくはずである。

聴く話すことばは、いかにも浅く、情緒的なように考えられながら、ものごとを考えることのできる人にとっては、知的なするどさをもっていて、読み書くことば、本の中のことばに、すこしも後れをとらないのである。

聴くことば、話すことば、読むことば、書くことば。

これをバラバラにしているために、ことばの力がどれほど弱まっているかしれない。

これを、めいめいの生活のなかでしっかり結びつけることができれば、ことばは真に人間と同じくらい大きなものになる。ことば自体も、それを求めているはずである。

四重奏は独奏と違った味がある。

思考力の源であるといってよい。

目と頭で考えるのではない。耳で判断、口でまとめ、思考に結びつけるのが新しい知の方法である。

聴覚型知能——あとがきに代えて

日本が曲がりなりにも先進国の仲間入りができているのは、教育のおかげである。外国の模倣で始まった学校教育だが、大きな成果を収めてきたと言ってよい。ことに、小学校が立派な教育をした。

われわれが、教育に対して、あたたかい気持ちを抱いているのは偶然ではないが、それをはっきり意識することはすくない。やはり本当に教育を大切にしているのではないのかもしれない。

学校教育が外国の模倣をそうとは思わずに続けてきたのは、もっと反省されなくてはならないところである。

そのひとつが、記憶中心である。知識中心である。考える、ということは、ほとんど問題にならない。テストはもっぱら記憶テストである。わけはわからなくとも覚えていれば知識になる。丸暗記、一夜漬けの勉強などが有効な方法になる。学校でいちばん力を入れるのは、広い意味でのコトバであるが、日本は欧米とは違った言語社会であることを充分に考慮せず、形式的に模倣することになった。その点についての認識が、ずっと不十分であったために、せっかくの努力が実を結ばないでいるように思われる。

早い話、文字のことばと音声のことばについての認識が欠けている。これは日本人の知能にかかわる問題であるが、はっきり指摘する人もすくなかったのである。

ドイツの建築家ブルーノ・タウトが、

「日本人は目で考える」

と言って、日本人を驚かせたが、なお、それを快く思っていない知識人が存在する。どうやら、ブルーノ・タウトの指摘は当たっているらしい。

日本人も、耳で考えないことはないが、あくまで少数派である。

われわれは、改めて、聴覚型知能というものを考える必要がある。視覚型知能の博学知識とは違った知力が必要であることを認めなくてはならない。

それに加えて、聴覚型知能に注目しなくてはならない新しい状況があらわれている。視覚型知能では人間は人工知能に勝つことが難しい。聴覚型知能も、いずれやられるかもしれないが、当分の間、独自の働きが期待できそうに思われる。

新しい知性が生まれることを期待する。

二〇一八年七月

外山滋比古

本作品はさくら舎より二〇一五年三月に刊行された『思考力の方法 聴く力篇』を改題し、再編集して文庫化したものです。

外山滋比古（とやま・しげひこ）

1923年、愛知県生まれ。東京文理科大学英文科卒。雑誌「英語青年」編集、東京教育大学助教授、お茶の水女子大学教授（5年間、同大学附属幼稚園園長を兼務）、昭和女子大学教授を経てお茶の水女子大学名誉教授。文学博士。英文学のほか、読者論、テクスト論、教育論などで論考を発表。『50代から始める知的生活術』『知的な老い方』（以上、だいわ文庫）、『思考の整理学』（ちくま文庫）、『近代読者論』『古典論』『外山滋比古著作集』（以上、みすず書房）、『日本語の論理』（中公文庫）など多数の著書がある。

だいわ文庫

知《ち》的《てき》な聴《き》き方《かた》

著者　外《と》山《やま》滋《しげ》比《ひ》古《こ》

二〇一八年八月一五日第一刷発行
二〇一八年九月一〇日第二刷発行

発行者　佐藤 靖
発行所　大和《だいわ》書房
東京都文京区関口一―三三―四 〒一一二―〇〇一四
電話 〇三―三二〇三―四五一一

フォーマットデザイン　鈴木成一デザイン室
本文DTP　朝日メディアインターナショナル
帯写真提供　朝日新聞社
本文印刷　厚徳社
カバー印刷　山一印刷
製本　ナショナル製本

ISBN978-4-479-30719-8
乱丁本・落丁本はお取り替えいたします。
http://www.daiwashobo.co.jp